MÁRIO MASCARENHAS

CB138189

O Melhor da Música Popular Brasileira

Com cifras
para
Piano, Órgão, Violão e Acordeon

7.º VOLUME

© Copyright 1989 by IRMÃOS VITALE S/A. Ind. e Com. - São Paulo - Rio de Janeiro - Brasil
Todos os direitos autorais reservados para todos os países - All Rights Reserved

DADOS INTERNACIONAIS DE CATALOGAÇÃO NA PUBLICAÇÃO (CIP)
(Câmara Brasileira do Livro, SP, Brasil)

Mascarenhas, Mário
O melhor da música popular brasileira : com cifras para piano, órgão, violão e acordeon, 7º volume / Mário Mascarenhas – São Paulo : Irmãos Vitale.

ISBN nº 85-85188-77-4
ISBN nº 978-85-85188-77-1

1. Acordeon – estudo e ensino
2. Música – estudo e ensino
3. Música popular (Canções etc.) – Brasil
4. Órgão – estudo e ensino
5. Piano – estudo e ensino
6. Violão – estudo e ensino
I – Título.

98-4747 CDD-780-42098107

Índices para catálogos sistemáticos:

1. Música Popular Brasileira : Estudo e ensino
780.42098107

Mário Mascarenhas

Mário Mascarenhas é o autor desta magnífica enciclopédia musical, que por certo irá encantar não só os músicos brasileiros como também os músicos de todo mundo, com estas verdadeiras e imortais obras primas de nossa música

Ilustração original da capa - LAN

PREFÁCIO

Como um colar de pérolas, diamantes, safiras, esmeraldas, o Professor Mário Mascarenhas junta, nesta obra, as verdadeiras e imortais obras primas da Música Popular Brasileira, em arranjos para piano mas que também podem ser executados por órgão, violão e acordeon. A harmonização foi feita com encadeamento moderno de acordes.

Quando se escrever a verdadeira História da Música Popular Brasileira, um capítulo terá de ser reservado a Mário Mascarenhas. Em todo o seu trabalho ele só tem pensado na música popular do seu país. Horas a fio pesquisando, trabalhando, escrevendo música, ele se tornou o verdadeiro defensor de nossos ritmos, consagrando-se em todas as obras que já editou de nossa cultura musical.

A coleção, "O Melhor da Música Popular Brasileira", inicia-se com 5 volumes, contendo cada um 100 sucessos ocorridos nos últimos 60 anos, mostrando tudo o que se compôs no terreno popular desde 1920, quando a nossa música ensaiou os primeiros passos, que depois a consagraram dentro e fora do país.

A Editora Vitale, que agradece a colaboração das editoras que se fizeram presentes nesta obra, escolheu o Professor Mário Mascarenhas, não só pelo seu extraordinário talento musical demonstrado há mais de quarenta anos, como, também, pela excelência de seus arranjos e pela qualidade que ele imprime ao trabalho que realiza. São arranjos modernos, o que prova a atualidade do Professor, à sua percepção do momento, porque, para ele, os anos se foram apenas no calendário. Mário Mascarenhas continua jovem com seu trabalho, dentro de todos os padrões musicais em melodias que já passaram e de outras que ainda estão presentes.

Mascarenhas diz que o samba, com seu ritmo sincopado e exótico que circula em nosso sangue, atravessa nossas fronteiras e vai encantar outros povos, com sua cadência e ginga deliciosas. E a música popular brasileira, no seu entender é a alma do povo que traduz o nosso passado através dos seus ritmos sincopados, que herdamos dos cantos langorosos dos escravos trazidos em navios-negreiros, com seus batuques, lundus, maracatus, congadas, tocados e cantados nas senzalas.

Nossa Música Popular se origina também dos cantos guerreiros e danças místicas de nossos índios e principalmente na música portuguesa transmitida pelos jesuítas e colonizadores, como sejam as cantigas de roda, fados e modinhas falando de amor.

Diz ainda o Professor Mascarenhas que a nossa música popular é inspirada também nas valsas, quadrilhas, xotes, marchas e polcas, dançadas pelas donzelas de anquinhas, tudo como se fosse uma exposição de quadros de Debret, pintados com palheta multicor de tintas sonoras.

Hoje, cada vez mais incrustada em nosso sangue, a nova Música Popular Brasileira surge modernizada, com roupagem, estrutura e forma, criados por inúmeros compositores atuais, alicerçados, porém nas velhas raízes popularescas.

A Editora Vitale tem, portanto, orgulho de apresentar "O Melhor da Música Popular Brasileira" em um trabalho do Professor Mário Mascarenhas. Agradecimentos a todos os autores e todas as editoras que vieram colaborar nesta autêntica enciclopédia musical, a primeira que é apresentada no Brasil.

Everardo Guilhon

HOMENAGEM

Dedico esta obra, como uma "Homenagem Póstuma", ao grande incentivador de nossa Música Popular Brasileira, o Snr. Emílio Vitale.

AGRADECIMENTOS

Com o mais alto entusiasmo, agradeço aos meus grandes amigos que colaboraram com tanta eficiência, trabalho e carinho nos arranjos desta obra.

Foram eles: Thomaz Verna, diretor do Departamento Editorial de Irmãos Vitale, a Pianista Professora Belmira Cardoso, o conceituado Maestro José Pereira dos Santos e o notável Maestro e Arranjador Ely Arcoverde.

Numa admirável comunhão de idéias, cada um demonstrou sua competência e entusiasmo, compreendendo o meu pensamento e a minha ânsia de acertar e de realizar este difícil trabalho em pról de nossa Música Popular Brasileira.

À FERNANDO VITALE

Ao terminar esta obra, empolgado pela beleza e variedade das peças, as quais são o que há de melhor de nosso Cancioneiro Popular, deixo aqui minhas palavras de congratulações ao Snr. Fernando Vitale, idealizador desta coleção.

Além de me incentivar a elaborar este importante e grande trabalho, Fernando Vitale, foi verdadeiramente dinâmico e entusiasta, não poupando esforços para que tudo se realizasse com esmero e arte.

Ele idealizou e realizou, prevendo que esta coleção seria de grande utilidade para os amantes de nossa Maravilhosa Música Popular Brasileira.

À LARRIBEL E Mº MOACYR SILVA

Aos amigos Larribel, funcionário de Irmãos Vitale e Mº Moacyr Silva, meus agradecimentos pelo imenso trabalho que tiveram na escolha e seleção consciencioso das peças.

ÀS EDITORAS DE MÚSICA

Não fôra a cooperação e o espírito de solidariedade de todas as EDITORAS, autorizando a inclusão de suas belas e imortais páginas de nossa música, esta obra não seria completa.

Imensamente agradecido, transcrevo aqui os nomes de todas elas, cujo pensamento foi um só: enaltecer e difundir cada vez mais nossa extraordinária e mundialmente admirada MÚSICA POPULAR BRASILEIRA!

ALOISIO DE OLIVEIRA
ANTONIO CARLOS JOBIM
ARY BARROSO
BADEN POWELL
"BANDEIRANTE" EDITORA MUSICAL LTDA
"CARA NOVA" EDITORA MUSICAL LTDA
"CRUZEIRO" MUSICAL LTDA
CARLOS LYRA
CHIQUINHA GONZAGA
EBRAU
"ECRA" REALIZAÇÕES ARTÍSTICAS LTDA
EDIÇÕES "EUTERPE" LTDA
EDIÇÕES "INTERSONG" LTDA

EDIÇÕES MUSICAIS "HELO" LTDA
EDIÇÕES MUSICAIS "MOLEQUE" LTDA
EDIÇÕES MUSICAIS"PÉRGOLA" LTDA
EDIÇÕES MUSICAIS "SAMBA" LTDA
EDIÇÕES MUSICAIS "SATURNO" LTDA
EDIÇÕES MUSICAIS "TAPAJÓS" LTDA
EDIÇÕES MUSICAIS "TEMPLO" LTDA
EDIÇÕES "TIGER" MÚSICA E DISCO LTDA
EDITORA "ARTHUR NAPOLEÃO" LTDA
EDITORA CLAVE MUSICAL LTDA
EDITORA "COPACOR" LTDA
EDITORA DE MÚSICA "INDUS" LTDA
EDITORA DE MÚSICA "LYRA" LTDA
EDITORA "DRINK" LTDA
EDITORA "GAPA-SATURNO" LTDA
EDITORA GRÁFICA E FONOGRÁFICA "MARÉ" LTDA
EDITORA MUSICAL "AMIGOS" LTDA
EDITORA MUSICAL "ARLEQUIM" LTDA
EDITORA MUSICAL "ARAPUÃ" LTDA
EDITORA MUSICAL BRASILEIRA LTDA
EDITORA MUSICAL "PIERROT" LTDA
EDITORA MUSICAL "RCA" LTDA
EDITORA MUSICAL "RCA JAGUARÉ" LTDA
EDITORA MUSICAL "RCA LEME" LTDA
EDITORA MUSICAL "RENASCÊNÇA" LTDA
EDITORA "MUNDO MUSICAL" LTDA
EDITORA "NOSSA TERRA" LTDA
EDITORA "RIO MUSICAL" LTDA
EDITORA MUSICAL "VIÚVA GUERREIRO" LTDA
ERNESTO AUGUSTO DE MATTOS (E. A. M.)
ERNESTO DORNELLAS (CANDOCA DA ANUNCIAÇÃO)
FERMATA DO BRASIL LTDA
"FORTALEZA" EDITORA MUSICAL LTDA
"GRAÚNA" EDIÇÕES MUSICAIS LTDA
GUITARRA DE PRATA INSTRUMENTOS DE MÚSICA LTDA
HENRIQUE FOREIS (ALMIRANTE)
I.M.L. — TUPY — CEMBRA LTDA
ITAIPU EDIÇÕES MUSICAIS LTDA
JOÃO DE AQUINO
"LEBLON" MUSICAL LTDA
"LOUÇA FINA" EDIÇÕES MUSICAIS LTDA
"LUANDA" EDIÇÕES MUSICAIS LTDA
MANGIONE & FILHOS CO. LTDA
MELODIAS POPULARES LTDA
"MUSIBRAS" EDITORA MUSICAL LTDA
"MUSICLAVE" EDITORA MUSICAL LTDA
"MUSISOM" EDITORA MUSICAL LTDA
PÃO E POESIA" EDIÇÕES MUSICAIS LTDA
PAULO CESAR PINHEIRO
RICORDI BRASILEIRA LTDA
"SEMPRE VIVA" EDIÇÕES MUSICAIS LTDA
"SERESTA" EDIÇÕES MUSICAIS LTDA
"TODAMERICA" MÚSICA LTDA
"TONGA" EDITORA MUSICAL LTDA
"TRÊS MARIAS" EDITORA MUSICAL LTDA
"TREVO" EDITORA MUSICAL LTDA

Mário Mascarenhas

Índice

Prá não dizer que não falei das flores

(Caminhando)

Geraldo Vandré

© Copyright 1968 by M.B.M. - Editora Brasileira Moderna - São Paulo - Brasil
Todos os direitos autorais reservados - All rights reserved

Bb
Ab7M
Gm7
Cm
Ab7
G7
Cm
Bb
G7
Cm
Bb
Orquestra
Cm
Cm
Bb
Bb
Cm
Cm
Bb
Bb
Cm
Voz
Ao
e
Cm
Ab7M
Cm
Rall---

TOM - DÓ MENOR
Cm G7 Cm

Introdução: Cm Bb7 Gm7 Cm7

```
          Cm             Bb                          Cm
Caminhando e cantando e seguindo a canção,
       Cm          Bb                  Cm
Somos todos iguais braços dados ou não
       Cm          Bb                   Cm
Nas escolas, nas ruas, campos construções
          Cm             Bb                          Cm
Caminhando e cantando e seguindo a canção.
Cm                 Bb
Vem, vamos embora
                 Ab7M    Gm7    Cm
Que esperar não é saber
                         Ab7
Quem sabe faz a hora
       G7              Cm
Não espera acontecer,
       BIS

Cm                 Bb
Vem, vamos embora
                 G7            Cm
Que esperar não é saber
                         Bb
Quem sabe faz a hora
                         C
Não espera acontecer
       Cm          Bb                          Cm
Pelos campos a fome em grandes plantações
       Cm          Bb                    Cm
Pelas ruas marchando indecisos cordões.
      Cm          Bb                Cm
Inda fazem da flor seu mais forte refrão
          Cm          Bb                     Cm
E acreditam nas flores vencendo o canhão.
Cm                 Bb
Vem, vamos embora, etc.
       Cm          Bb         Cm
Há soldados armados ou não
       Cm          Bb                    Cm
Quase todos perdidos de armas na mão
          Cm              Bb                Cm
Nos quarteis lhes ensinam antigas lições
          Cm          Bb                Cm
Do morrer pela Pátria e viver sem razões.
Cm                 Bb
Vem, vamos embora, etc.
          Cm             Bb                      Cm
Nas escolas, nas ruas, campos, construções
          Cm          Bb                  Cm
Somos todos soldados armados ou não
          Cm             Bb                          Cm
Caminhando e cantando e seguindo a canção
          Cm          Bb                    Cm
Somos todos iguais braços dados ou não.
       Cm          Bb                    Cm
Os amores na mente, as flores no chão
       Cm          Bb                    Cm
A certeza na frente, a história na mão
          Cm             Bb                          Cm
Caminhando e cantando e seguindo a canção
          Cm             Bb                      Cm
Aprendendo e ensinando uma nova lição.
Cm                 Bb
Vem, vamos embora, etc.
```

Moro onde não mora ninguém

Agepê e Canário

© Copyright 1974 by SIGEM-SISTEMA GLOBO DE EDIÇÕES MUSICAIS LTDA. - Rio de Janeiro - Brasil.
Todos os direitos autorais reservados para todos os países - All rights reserved.

Bb7M
Eb7M
Cm9
F7
Eb7M
Cm
Cm7
F7
Bb
F7
Do 𝄋 ao 𝄌
F7
Bb
Bb6 9
Cm
Cm7
F9
Bb
Bb7M
Bb7M
Cm7
F7
Bb
F7
Bb6 9
Cm
F7
Bb
Bb7M
Cm7
F7

TOM — SIb MAIOR

Bb F7 Bb

Introdução: *Bb Bb7M Eb7M Bb7M Cm7 F9 F7 Bb*

Bb Bb7M
Moro onde não mora ninguém
Eb7M Bb7M
Onde não passa ninguém
Cm7
Onde não vive ninguém
F9
É lá onde moro
F7 Bb
Que eu me sinto bem

F13 Bb7M
Não tem bloco na rua
G7
Não tem carnaval
Cm7
Mas não saio de lá
F7
Meu passarinho me canta
Cm7 F7 BbM Eb
A mais linda cantiga que há

Bis {
Cm7
Coisas lindas
F7 Bb7M F7
Tem do lado de lá
}

Cm Cm7 F9
Uma casinha bran - ca
Bb Bb7M
No alto da ser - ra
Cm7
Um coqueiro ao lado
F7 Bb F7
Um cachorro magro amarrado
Bb 6/9 Cm
Um fogão de lenha
F7 Bb
Todo enfumaçado.

Bis {
Cm7
É lá onde moro
F7 Bb
Aonde não passa ninguém
Cm9 Cm7
É Lá que eu vivo sem guerra
F7 Bb Bb7M
É lá que eu me sinto bem.
}

Prá começar

Marina Lima e Antonio Cícero

© Copyright — by FULLGAS PRODUÇÕES ARTÍSTICAS LTDA.
Adm. LUZ DA CIDADE PRODUÇÕES ARTÍSTICAS E FONOGRÁFICAS E EDITORA LTDA.
Todos os direitos autorais reservados - All rights reserved.

TOM — DÓ MAIOR

C G7 C

Introdução: *2 compassos de C*

C
Prá começar
Eb Eb7
Quem vai colar
F7
Os tais caquinhos
C
Do velho mundo.

C Eb
Patria, Família, Religiões,
F
E preconceitos
G C/G C4
Quebrou não tem jei - to.

C D/A
Agora descubra de verdade
D Db
O que você ama...
C74 C
Que tudo pode ser seu.

C74 C
Se tudo caiu
D/A
Que tudo caia
D Fm/Ab
Pois tudo raia
F/G G C
E o mundo pode ser seu.

(Solo de orquestra)

C
Prá terminar
Eb Eb7
Quem vai colar
F7
Os tais caquinhos
C
Do velho mundo.

O Trem Azul

Lô Borges e Ronaldo Bastos

© Copyright 1976 by TRÊS PONTAS EDIÇÕES MUSICAIS LTDA.
SBK SONGS DO BRASIL EDIÇÕES MUSICAIS LTDA. - Rio de Janeiro - Brasil
Todos os direitos autorais reservados - All rights reserved

TOM — SOL MAIOR

G D7 G

Introdução: *G7M* $\overset{9}{G7M}$ *Em Eb7M Cm7 Am7 D13 G7M*

G7M9 Eb7M Bb7M C7M
Coisas que a gente se esquece de dizer
G7M9 Eb7M Bb7M A9
Frases que o vento vem às vezes me lembrar
G7M9 Eb7M Bb7M C7M
Coisas que ficaram muito tempo por dizer

G7M9 Eb7M Bb7M A9 $A7^{5+}$
Na canção do vento não se cansam de voar.
Ab7M C/D G7M9 Gb9
Ah!............você
G7M
Pega o trem azul
$\overset{9}{C7M}$
O sol na cabeça
Gb G7M9 $\overset{9}{C7M}$
O sol pega o trem azul
Em
Você na cabeça
Eb7m Cm9 Am4 D13 $\overset{9}{G7M}$
O sol na cabeça

London, London

Caetano Veloso

© Copyright 1970 by GAPA LTDA. (Guilherme Araújo Prod. Artística)
Adm. por EDIÇÕES INTERSONG LTDA. - Rio de Janeiro - Brasil
Todos os direitos autorais reservados - All rights reserved

TOM — DÓ MAIOR

C G7 C

Introdução: *C Dm G7*

C G C C7
I'm wandering round and round nowhere to go
F G C C7
I'm lonely in London London is lovely so
F G7
I cross the streets without fear
C Am A7
Everybody keeps the way clear
Dm G4 G7 C
I know I know no one here to say hello
F G7
I know they keep the way clear
C Am Dm G7 C
I'm wandering round and round here nowhere to go.

C G C C7
Oh! Sunday, Monday, Autumn pass by me
F G C C7
And people hurry on so peacefully
F G7
A group aproches a policeman
C Am A7
He seems so pleased to please then
Dm G4 G7 C
It's good at least to live and I agree
F G7
He seems so pleased at least
C Am A7
And It's so good to live in peace and
Dm G G7 C
Sunday, Monday, years and I agree.

C G C C7
I don't know what I left so far away
F G C
I don't think, I don't ask and I don't pray
F G7
I do not want to make a mess
C Am A7
And I know nothing that I posses
Dm G4 G7 C
I came around to say yes and I say.

F
While my eyes
G F C C7
Go looking for flying saucers in the sky
F
While my eyes
G F C
Go looking for flying saucers in the skies.

Poema das Mãos

Canção

Letra e Música de Luiz Antônio

© Copyright 1961 by FERMATA DO BRASIL LTDA. - Av. Ipiranga, 1123 - São Paulo - Rio de Janeiro.
Todos os direitos autorais reservados - All rights reserved.

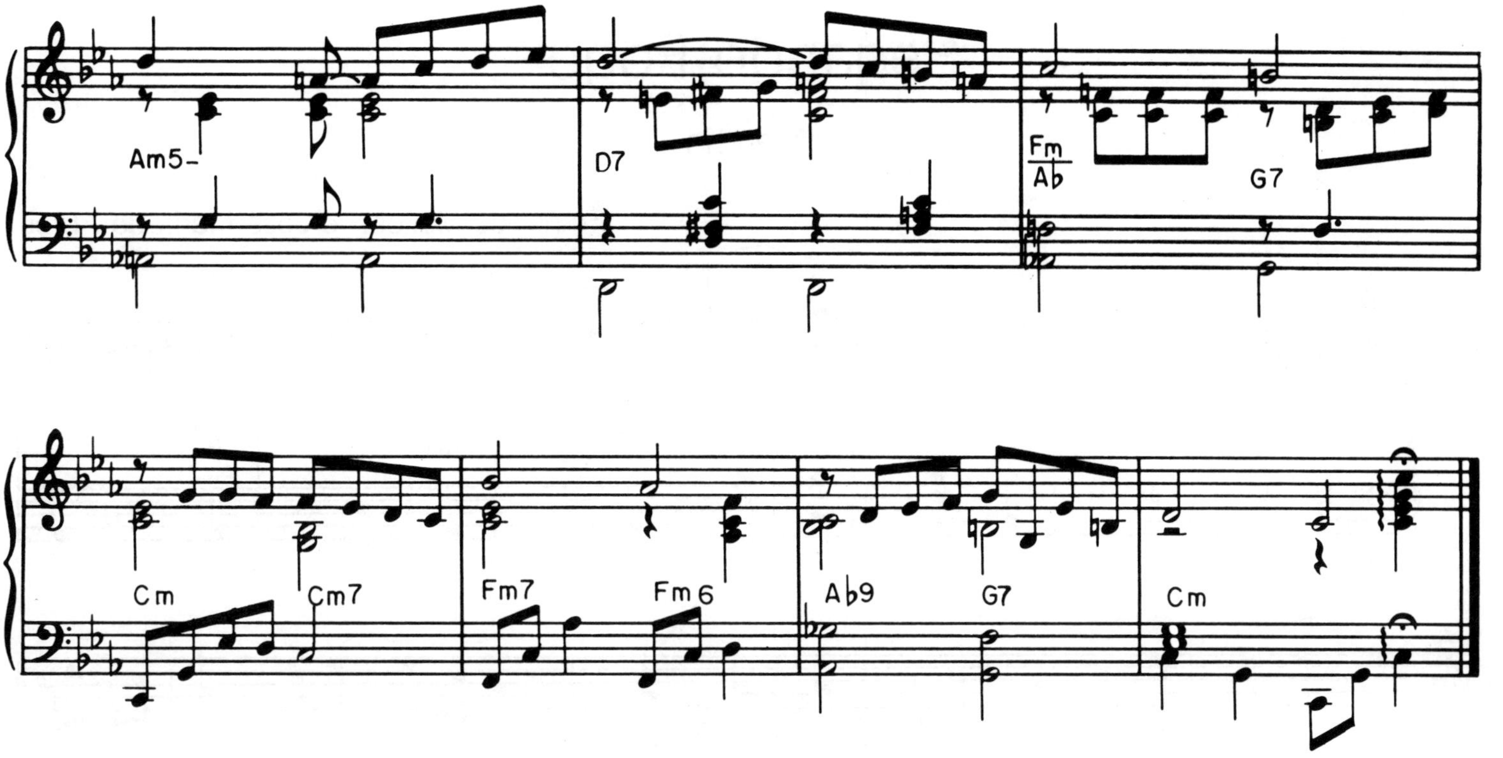

TOM — DÓ Menor
Cm G7 Cm

Introdução: *Gm5- Ab7M Db9 G7*

Cm9 *Fm/Ab* *G7* *Gm5-*
Nas tuas mãos deixei meus so - nhos
C9 *Fm/Ab*
Nas tuas mãos deixei bondade
Fm6 *Cm*
Alegre sonho
Fm/Ab
Ficou tristonho
Fm *Dm* *G7*
Nas tuas mãos virou sauda - de.
Cm9 *Fm/Ab* *G7* *Gm5-*
Nas minhas mãos o teu perfu - me
C9 *Fm/Ab*
Nas minhas mãos o teu cabelo
Fm6 *Cm*
O meu ciume
Ab7
O meu queixume
G7 *Cm7*
Nas minhas mãos um triste apêlo.
C7 *C9* *Gm47*
As tuas mãos estão mais frias
C7 *Fm7*
Estão vazias de meus beijos
D7 *Am5-*
As minhas mãos, talvez não sintas
D7 *Fm/Ab* *G7*
Estão famintas de dese - jos
Cm *Cm7* *Fm7* *Fm6*
Nas minhas mãos a despedi - da
Ab9 *G7* *Cm*
Nas tuas mãos a minha vida.

Pegando Fogo

Marcha

Francisco Mattoso e José Maria de Abreu

© Copyright 1938 by IRMÃOS VITALE S/A. Ind. e Com. - São Paulo - Rio de Janeiro - Brasil
Todos os direitos autorais reservados para todos os países - All Rights Reserved

TOM - FÁ MAIOR
F C7 F

Introdução: *Bb Bbm Am A7 Dm D7 Gm C7 F*

Bis

```
              F              D7                 Gm
Meu coração amanheceu pegando fogo,
C7       F
Fogo!... Fogo!...
Am5-          D7               Gm            Bº
Foi uma morena que passou perto de mim
Am     D7     Gm     F   C7
E que me deixou assim!...
                            F
                  2ª vez: assim
```

I

```
Bb                       Em5- A7
Manda chamar o bombeiro
Cm
Eb        D7             Gm D9-
Para o incêndio apagar...
Gm7        C7     F  D7
E se não vem ligeiro
G7                      C7
Nem cinzas vai encontrar!
```

II

```
Bb                   Em5- A7
Morena boa que passa
Cm
Eb          D7            Gm   D9-
Com sua graça infernal
Gm7          C7           F D7
Mexendo com nossa raça
G7                 C7
Botando a gente até mal
```

Peguei um ''Ita'' no Norte

Toada

Dorival Caymmi

© Copyright 1945 by MANGIONE & FILHOS COMP. LTDA.,
Todos os direitos autorais reservados para todos os países - All rights reserved.

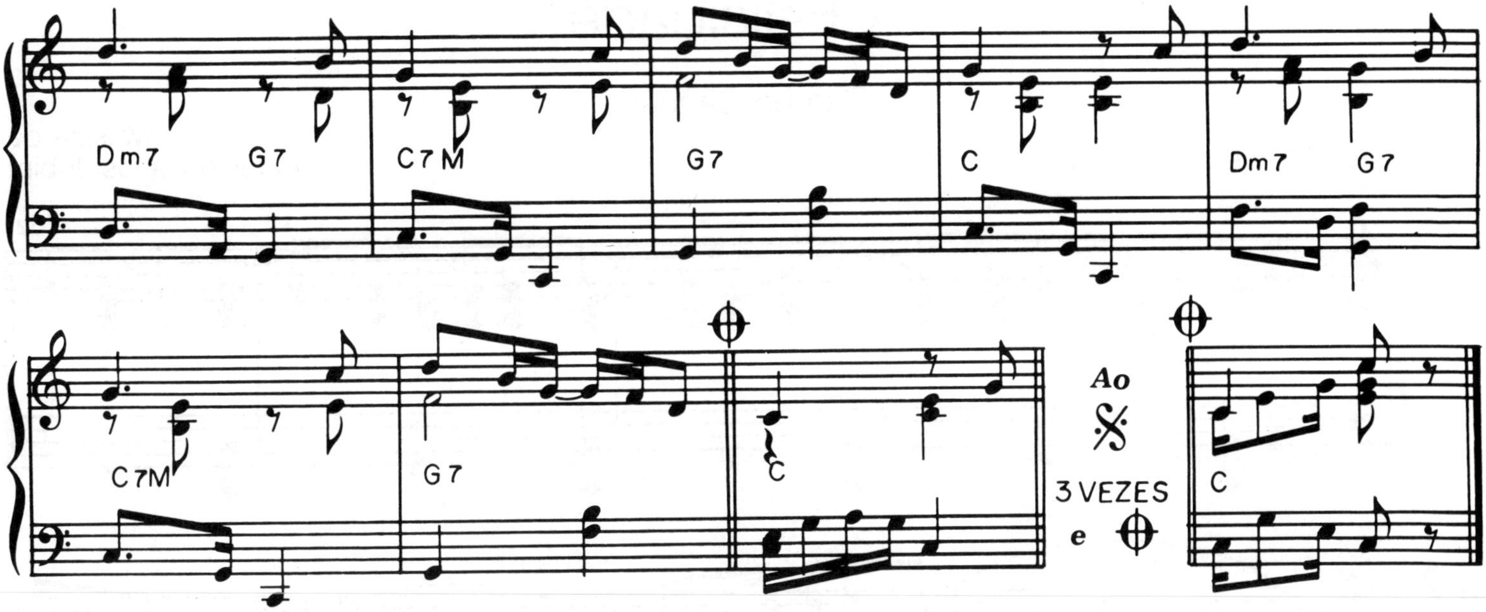

TOM - DÓ MAIOR
C G7 C

Introdução: *G7 C G C G7 C*

I

C G7 C
Peguei um "Ita" no norte
G7
Pra vim pro Rio morá
Dm G7
Adeus meu Pai, minha mãe,
Dm7 G7 C
Adeus Belém do Pará

Côro

Dm7 G7 C7M
Ai, ai, ai, ai
G7 C7M
Adeus Belém do Pará
Dm G7 C7M
Ai, ai, ai, ai
G7 C
Adeus Belém do Pará

II

C G7 C
Vendi meus troços que eu tinha
G7
O resto eu dei pra guardá
Dm G7
Talvez eu volte pro ano,
Dm G7 C
Talvez eu fique pro lá

III

C G7 C
Mamãe me deu um conselho
G7
Na hora de embarcá
Dm G7
Meu filho ande direito
Dm G7 C
Que é pra Deus lhe ajudá

IV

C G7 C
"Tou" a bem tempo no Rio
G7
Nunca mais voltei prá lá
Dm G7
Pro mês intera dez anos
Dm G7 C
Adeus Belém do Pará!

A Felicidade

Samba-Canção

Letra de
Vinícius de Moraes

Música de
Antonio Carlos Jobim

© Copyright 1959 by EDITORA MUSICAL ARAPUÃ LTDA. - São Paulo - Brasil
Todos os direitos autorais reservados - All rights reserved.

Bbm7
Eb9
Ab7M
Dm4
G7
Cm
Eb
F7
Cm7
G57
Cm
Cm7
Eb7M
Ab7
Eb7M
Eb9
7
Eb7
Ab6
Fm7
Bb7
Eb
Eb7M
Eb
Am5-
D7

Gm7 Edim Dm5- G7 Cm Cm7 Cm/Bb F7/A
Ab7 G7 Cm7 Dm9 G7 Cm Dm4 G7
Do
ao
Cm Ab7M Dm9 G7
Repetir ad lib.
Cm Dm4 G7 Cm7 Fm9 Bb7 Eb7M
Ab7M Gm7 D7 Dm4 G7

TOM — DÓ MENOR

Cm G7 Cm

Introdução: *Cm6 (4 compassos)*

```
      Cm    Cm Gm7           Cm7
Tristeza      não tem fim
      Gm    Am5-      D7 Dm4  G7
F e l i c i d a d e ... sim
      C     Cm Gm7           Cm7
Tristeza      não tem fim
      Gm    Dm5-      D7 Dm7  Fm7  Bb13
F e l i c i d a d e ... sim
```

```
Eb7M  Eb7        Ab7M                Dm5-  G7
   A         felicidade é como a pluma
         Cm9                         Bbm7 Eb9
   Que o vento vai levando para o ar
Ab7M           Dm4     G7     Cm              F7
   Vôa tão leve      mas tem a sua vida breve
         Cm7             G5+              Cm Cm7
   Precisa que haja vento sem parar
Eb7M           Ab7              Eb7M          Eb7M
   A felicidade do pobre          parece
Eb7                                     Ab
   A grande ilusão do Carnaval
       Fm7         Bb7        Eb  Eb7   Eb
   A gente trabalha o a---no inteiro
       Am5-                   D7
   Por um momento de sonho
           Gm7          Dm5- G7
   Pra fazer a fantazia
         Cm       Cm7  Cm             Bb7
   De rei, ou de pirata ou jardineira
       Cm            Dm9      G7      Cm  Dm4 G7
   E tudo se acabar na quarta feira
```

Estribilho:

```
    Cm
Tristeza, Etc.
```

II

```
Eb7M  Eb7        Ab7M                  Dm5- G7
   A         felicidade é como a gota
          Cm9                        Bbm7 Eb9
   De orvalho numa pétala de flor
Ab7M               Dm4   G7     Cm               F7
   Brilha tranquila      depois de leve oscila
         Cm7             G5+           Cm
   E cai como uma lágrima de amor.
                                                     9
 Eb7M              Ab7              Eb7M              Eb7M
   A minha felicidade está          sonhando
Eb7                                      Ab
   Nos olhos da minha namorada
      Fm7                  Bb7        Eb7M         Eb
   É como esta noite          passando, passando
        Am5-                 D7
   Em busca da madrugada
            Gm7           Dm5- G7
   Falem baixo por favor
           Cm   Cm7  Cm                        Bb7
   Pra que ela  acorde alegre como o dia
Cm7                     Dm9   G7      Cm
   Oferecendo beijos de amor.
```

Estribilho:

```
    Cm
Tristeza, Etc;
```

Leva meu Samba

(Mensageiro)

Samba

H. de Almeida e Ataulfo Alves

© Copyright 1940 by Irmãos Vitale S.A. Ind. e Com. — S. Paulo — Rio de Janeiro - Brasil
Todos os direitos reservados — All rights reserved

Fm
Bb7
Eb/G
Cm7
Dm7
F7
1.
Bb7M
F9-
2.
Bb
Bb6/9
Eb7M
Am5-
D7
Gm7
Eb7M
Am5-
D7
Gm
Fm7
Bb7
Eb
Cm7
F7
Bb

TOM — Sib MAIOR

Bb F7 Bb

Introdução: *Bb7 Ebm Cm7 F Bb Bb7M Eb7M F13*

Bis

Bb7M Eb7 Bb Ab7
Le——va meu samba

Dm7 G7 C7
Meu mensageiro

Am5-D7 Gm7
Ês—se recado

C7 Cm7 F13 Bb
Para o meu amor primeiro

Fm Bb7 Eb
Vá dizer que ela é

Cm7 Dm7
A razão dos meus aís!

F Bb7M F9-
Não, não posso mais!

Bb7M
2ª vez: não posso mais

Bb6/9 Am5-
Eu que pensava

D7 Gm
Que podia lhe esquecer

Eb7M Am5-
Mas, qual o quê

D7 Gm
Aumentou o meu sofrer.

Fm
Falou mais alto

Bb7 EbM
No meu peito, uma saudade

Cm7 F7 Bb
E para o caso não há força de vontade

Bb7 Eb
Aquele samba

Eb/F Bb
Foi para ver se comovia

G7
O seu coração...

C7
Onde eu dizia:

Bb Bb7M Eb7M Bb7M
Vim buscar o meu perdão!

O lado quente do ser

Marina Lima e Antonio Cícero

© Copyright 1980 by EDITORA MUSICAL BALAIO LTDA.
© Copyright 1988 by SIGEM - Sistema Globo de Edições Musicais Ltda.
Todos os direitos autorais reservados - All rights reserved.

F7M/C Bm5- E9- A7M A6/9 F#m7
B7 B13 B13 Bm7 E9- A7M/9
F#m F13 E9- A6/9 C7/9
F7M C13 F7M D7 G7
C7 F C9- C13 F6 C7

TOM — FÁ MAIOR

F C7 F

Introdução: *F7 Eb69 C13*

C13 F F7M
Eu gosto de ser mulher
C13 F7M9 D7
E sonhar arder de amor
G G13 C7
Desde que sou
F D7 Gm7
Uma menina
C7 F Gm7
De ser feliz ou sofrer
C7 F7M D9 Gm7 C7
Com quem eu faço calor
F7M Dm7 Gm7
Esse querer
C7 F D7
Me ilumina
Gm C7 F7M F7M
E eu não quero, amor
Bm5- E9-
Nada de menos
A7M A69
Dispense os jogos
F#m7
Desses mais ou menos
B7
Prá que pequenos vícios
E9- A7M F#m F13 A69
Que se acendem sem artifícios.

C7 F7M
Eu já quiz ser bailarina
C13 F7M D7
São coisas que eu não esqueço
G7
Mas continuo
C7 F C9-
Ainda a se — las
C7 C13 F6
A vida me alucina
C7 F D7
É como um filme que faço
G7
Mas faço melhor ainda
Bb F69
Do que as estrelas,
F F7M9 E5+
Então eu digo, amor.
Bm5-
Chegue mais perto,
E9- A7M Ab9
E prove ao certo
B13 F#m7 B7
Qual é o meu sabor
Bm7 E9-
Ouça meu peito agora
A7M F#m F13
Venha compôr uma trilha sonora
E9- A69
Pro amor.

C7 F7M
Eu gosto de ser mulher
C13 F7M D7
Que mostre mais o que sente
G7
O lado quente do ser
C7 F
E canta mais docemente.

Pede Passagem

Samba

Sidney Miller

© Copyright 1965 by IRMÃOS VITALE S/A. Ind. e Com. - São Paulo - Rio de Janeiro - Brasil
Todos os direitos autorais reservados para todos os países - All Rights Reserved

TOM — RÉ MAIOR

D A7 D

Introdução: *D G A7 D*

D G A7 D
Chegou a hora da Escola de samba sair
G
Deixar morrendo no asfalto
G D7M
Uma dor que não quiz
Am7 D9- G
Quem não soube o que é ter
Alegria na vida
E7 Em7 A7
Tem toda a avenida para ser feliz.
Am7 C D9- Gm
Ah! arrasta a felicidade pela rua

Em5- Eb7 D
Esquece a quarta feira
Gm
Gm F Em7 A7
E continua, vivendo, chegando,
D7 Am5-
Traz unido o povo
D9- Gm
Cantando com vontade
Eb7 D9-
Levando em teu estandarte
Gm Fm9 Bbl3 A13
Uma verdade, teu cora — ção,

Bis {
D7 Am7 D7 G Em7
Vai, balança a bandeira colorida
A7 A13 C Am7
Pede passagem pra viver a vida.
}

A Majestade, o Sabiá

Toada

Roberta Miranda

Introdução

© Copyright 1986 by LATINO EDITORA MUSICAL LTDA.
Todos os direitos autorais reservados - All rights reserved.

C
G7
C
C
3
Dm
G7
3
Dm7
G7
1.
C
C
Gm7
C7
2.
C
Ao
e
Ao
A
e
C
F
C

TOM — LÁ MENOR
Am E7 Am

Introdução: *C G7 C G7*

```
                C
Meus pensamentos tomam forma de viagem
                        Dm
Vou prá onde Deus quizer
              G7
Um video tape que dentro de mim retrata
                                      C  Gm7  C7
Todo meu inconsciente de maneira natural.

F
Ah __________ ah __________ ah

REFRÃO:
            F
Tô indo agora prum lugar todinho meu
                                    C
Quero uma rêde preguiçosa prá deitar
E em minha volta sinfonia de pardais
                                    G7
Cantando pra a majestade, o sabiá.

            C
Tô indo agora tomar banho de cascata
Quero adentrar nas matas
                  Dm
Aonde Oxóssi é o Deus
          G7                     Dm7
Aqui eu vejo plantas lindas e selvagens
                 G7                         C
Todas me dando passagem perfumando o corpo meu.
```

REFRÃO:

```
        C
Esta viagem dentro de mim foi tão linda
                                          Dm
Vou voltar à realidade prá este mundo de Deus
            G7               Dm
Pois o meu eu, tão desconhecido,
              G7                        C
Jamais serei traído, pois este mundo é meu.
```

REFRÃO:

Uma noite e 1/2

Renato Rocketh

Rubato

© Copyright 1987 by PHONOGRAM Produções e Edições Musicais Ltda.
Todos os direitos autorais reservados - All rights reserved

C
Dm
B♭
rall.
A4
A
Orquestra a tempo
Dm
C
B♭
A4
A
Voz
Dm
C
B♭
A4
A
Dm
C
B♭
A4
A

TOM — RÉ MENOR

Dm A7 Dm

Introdução: *Dm Bb C Bb Ab A7 Dm*
C

Dm C
Vem chegando o verão,
Bb/C C
Um calor no coração,
Bb A4
Essa magia colorida
A
São coisas da vida.
Dm C
Não demora muito agora
Bb
Todas de bundinha de fora
Top-less na areia
A4 A
Virando sereia

Bb C Dm
Essa noite eu quero te ter
Bb C Dm
Toda se ardendo só para mim
Bb C Dm
Essa noite eu quero te ter
Bb A4 A
Te envolver, te seduzir.

Dm C
Dia inteiro de prazer
Bb/C C
Tudo que quiser eu vou te dar
Bb A4
O mundo inteiro a seus pés
A
Só prá poder te amar.
Dm C
Roubo as estrelas lá do céu,
Bb
Numa noite e meia nesse sabor
A4
Pego a lua, aposto no mar
A Bb
Como eu vou te ganhar

Bb C Dm
Essa noite ou quero te ter (Etc.)

Orquestra a tempo: *D C Bb A4 A*

(Duas vezes)

Rotina

Balada

Roberto Carlos e Erasmo Carlos

© Copyright 1973 by EDIÇÕES PIPOCA LTDA.
Adm. por EDIÇÕES INTERSONG LTDA - Rio de Janeiro - Brasil
Todos os direitos autorais reservados - All rights reserved.

C
Dm7
G7
Dm
G
Dm7
G
C
C7
F
C
Dm
G7
1.
C
2.
G#7
C#
D#m
G#7

D♯m
G♯7
D♯m
G♯
C♯
C7
F♯
1.
C♯
D♯m
G♯7
D♯m
G♯7
2.
C♯
D♯m
G♯
C♯
Repetir ad. libtum
D♯m
G♯7
C♯

TOM — DÓ MAIOR

C C7 C

Introdução: *C (4 compassos)*

C
O sol ainda não chegou
G4 G7 G4 G7
E o relógio a pouco despertou
Dm
Da porta do quarto
G
Ainda na penumbra
C
Eu olho outra vez
C G7
Seu corpo adormecido e mal coberto
F
Quase não me deixa ir
C
Fecho os olhos, viro as costas
G4 G7 G4 G7
Num esforço eu tenho que sair
C
A mesma condução, a mesma hora,
Dm G7 Dm G
Os mesmos pensamentos chegam
Dm7
Meu corpo está comigo
G
Mas meu pensamento
C
Ainda está com ela
C7
Agora eu imagino suas mãos
F
Buscando em vão minha presença
C
Em nossa cama
Dm G7 C
Eu gostaria de saber o que ela pensa.

C
Estou chegando para mais um dia
G4 G7 G4 G7
De trabalho que começa
Dm G
Enquanto lá em casa ela desperta
C
Pra rotina do seu dia
C C7
Eu quase posso ver a água morna
F
A deslisar no corpo dela
C
Em gotas coloridas pela luz
G4 C7 G4 G7
Que vem do vidro da janela
C
Um jeito nos cabelos
Dm G7 Dm G
Colocando seu perfume preferido
Dm7
Diante do espelho
G C
Aquilo tudo ela esconde num vestido
C7
Depois de um café, um olhar distante
F
Ela se perde pensativa
C
Acende um cigarro
Dm
Olhando a fumaça, para,
G7
E pensa em mim.

(2 compassos de G#7)

C#
O dia vai passando a tarde vem
D#m G#7 D#m G#7
E pela noite eu espero
D#m G#
Vou contando as horas que me separam
C#
De tudo aquilo que mais quero
C#7
Meu rosto se ilumina num sorriso
F#
No momento de ir embora
C#
Não posso controlar minha vontade
D#m G#7
De sair correndo agora
C#
O trânsito me faz perder a calma
D#m G#7 D#m G#7
E o pensamento continua
D#m G#
Pensando em minha volta, muitas vêzes
C#
Ela vem olhar a rua
C#7
A porta se abre de repente
F#
E eu me envolvo inteiro nos seus braços
C#
E o nosso amor começa
D#m
E só termina quando nasce
G#7
Mais um dia,
G#7 C# D#m
Um dia de rotina,
G#7 C# D#m
Um dia de rotina
G#7 C# D#m
O sol ainda não chegou
G#7 C#
Um dia de rotina.

O que é que a Baiana tem?

Samba

Dorival Caymmi

© Copyright 1939 by MANGIONE & FILHOS COMP. LTDA., - São Paulo - Rio de Janeiro - Brasil
Todos os direitos autorais reservados para todos os países - All rights reserved.

Am7 D7 G D7 G Am7 D7
G Em7 Am7 D7 G Em7 Am6 D7 G
D7 G6 D7 G
G D7 G6 D7 G
Ao 𝄋
Am7 D7 G Em7 Am7 D7
1.
G Em7
2.
G

TOM — SOL MAIOR
G D7 G

Introdução: *D7 G6 D7 G D6 G*

```
       D7                  G7M
O que é que a baiana tem?
       D7                  G6
O que é que a baiana tem?
    D7                G6
Tem torso de seda, tem,
    D7                G6
Tem brinco de ouro, tem,
   D7               G6
Corrente de ouro, tem,
    D7                G6
Tem pano da costa, tem,
    D7                G6
Tem bata rendada, tem, ah!
   D7               G6
Pulseira de ouro, tem,
   D7                 G6
Sandália enfeitada, tem,
    D7                  G
Tem graça como ninguém,
       D7              G
Como ela requebra bem!...
G          Em7         Am7
 Quando você se requebrar,
          D7      G
Cáia por cima de mim,
          Em7     Am7
Cáia por cima de mim,
          D7      G     D7 G6
Cáia por cima de mim,
```

2a vez

```
       D7                  G
O que é que a baiana tem?
       D7                  G6
O que é que a baiana tem?
    D7                G6
Tem torso de seda, tem,
    D7                G6
Tem brinco de ouro, tem,
   D7               G
Corrente de ouro, tem,
    D7                G6
Tem pano da costa, tem,
    D7                G6
Tem bata rendada, tem, ah!
   D7               G7
Pulseira de ouro, tem,
    D7                 G6
Tem sáia engomada, tem,
   D7                 G6
Sandália enfeitada, tem,
   D7                       G6
Só vai ao Bonfim quem tem,
   D7                       G6
Só vai ao Bonfim quem tem,
G          Em7       Am7
 Um rosario de ouro,
         D7      G
Uma bolota assim,
                  Em7                Am7
Quem não tem tem balangandans
       D7      G
Não vai ao Bonfim,
              Em7              Am7
Quem não tem balangandans
         D7      G
Não vai ao Bonfim
              Em7     Am7
Oi, não vai ao Bonfim,
              D7      G
Oi, não vai ao Bonfim,
              Em7     Am7
Oi, não vai ao Bonfim,
              D7      G
Oi, não vai ao Bonfim.
```

Os meninos da Mangueira

Rildo Hora e Sergio Cabral

© Copyright 1975 by Editora Musical B.M.G. ARABELLA LTDA. - São Paulo - Brasil
Todos os direitos autorais reservados - All rights reserved - International Copyright Secured.

F/G Em7 Am7 Fm Dm7 G7 C
C6/9 Am7 Dm7 G13 C7M Am7 Dm7
G13 C7M C9 F7M F F7M Am7 Am7
D7 D7 Dm/G G13 F7M F F/G Em7
A7 Dm7 G7 C C6/9 Bb/C C7 F7M
F/G Em7 A7 Dm7 G7 C

TOM — DÓ MAIOR

C G7 C

Introdução: *C F7M/C C F7M/C C,*

F7M C C7
Um menino da Mangueira

F7M C7M
Recebeu pelo Natal

Em9 Am9 Dm9 A5+ Dm7
Um pandeiro e uma cuíca

G7M Dm7
Que lhe deu Papai Noel

G7 Dm7
Um mulato sarará

G7 C7M F/A C7M
Primo irmão de dona Zica

F7M C
E o menino da Mangueira

F7M C7M
Foi correndo organizar

C7 F7M Bb/C F7M
Uma linda bateria

F/G Em7 Am7
Carnaval já vem chegando

Fm Dm7
E tem gente batucando

G7 C
São meninos da Mangueira

C Am7 Dm7 G13 C7M Am7
Carlos cachaça, o menestrel

Dm7G13 C7M C9
Mestre Cartola, o bacnarel

F7M Am7
Seu delegado, um dançarino

D7
Faz coisas que aprendeu

D7 Dm/G G13
Com Marcelino

Bis

Um menino da Mangueira...etc.

F7M
E a velha guarda se une

F/G Em7
Aos meninos lá na passarela

A7 Dm7
Abram alas que vem ela

G7 C 6/C9 Bb/C C7
A Mangueira toda bela

Um menino da Mangueira...etc.

F7M
Ô pandeirinho, cadê Xangô

F/C Em7
Ô preto rico, chama o sinhô

9/A7 Dm7
E dona Neuma maravilhosa

G7 G13
É a primeira mulher

C
Da verde-rosa

Bis

F7M F9/7M
E onde é que se juntam

F/G Em7
O passado, o futuro e o presente

A7 Dm
Onde o samba é permanente

G7 G13 C Eb/F 7/C9M
Na mangueira, minha gente

Sorte

Celso Fonseca e Ronaldo Bastos

© Copyright 1985 by TRÊS PONTAS EDIÇÕES MUSICAIS LTDA.
SBK SONGS DO BRASIL EDIÇÕES MUSICAIS LTDA. - Rio de Janeiro - Brasil
Todos os direitos autorais reservados - All rights reserved

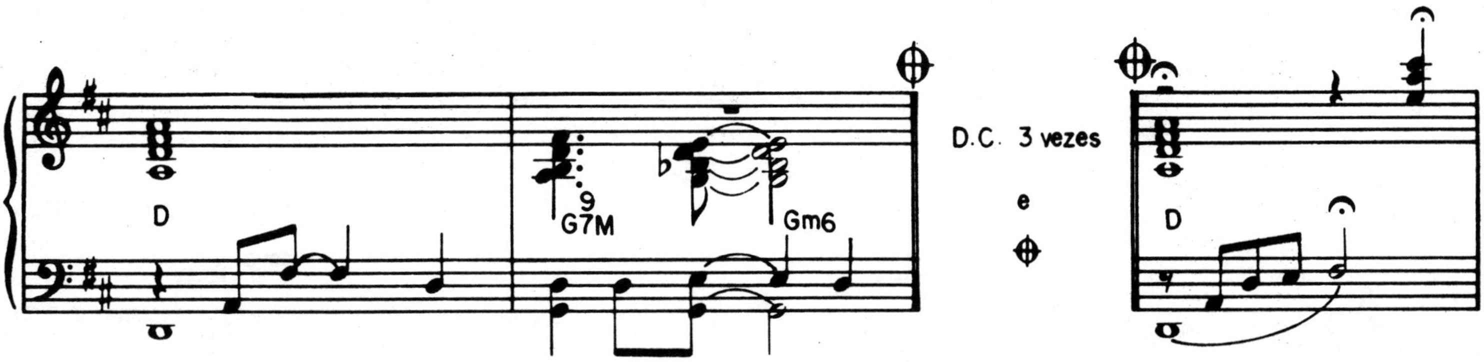

TOM — RÉ MAIOR

D A7 D

Introdução: *G7M Gm6 D G7M Gm6 D*

```
D          D7M            C#m5-         F#7
Tudo de bom que você      me fizer
Bm                       Em7       A7
Faz minha rima ficar     mais rara
D                         C#m5-        F#7
O que você faz me ajuda a cantar
Bm7                                Em7  A7  D
Põe um sorriso na minha            ca - ra
        G7M         Gm6          D
Meu amor, você      me dá sorte
        G7M         Gm6          D
Meu amor, você      me dá sorte
        G7M                     Gm6      D
Meu amor, você me dá sorte na vida.

D          D7M           C#m5-        F#7
Quando te vejo não sáio       do tom
Bm7                        Em7
Mas meu desejo já se     repara
D                           C#m5-       F#7
Me dá um beijo com tudo        de bom
Bm7                               Em7      D
E acende a noite na Gua -         nabara
        G7M         Em7          D
Meu amor, você      me dá sorte
        G7M         Em7          D
Meu amor, você      me dá sorte
        G7M                     Gm6      D
Meu amor, você me dá sorte de cara.
```

Volta

Samba-Canção

Lupicínio Rodrigues

© Copyright Março 1958 by EDIÇÕES EUTERPE LTDA. - Rio de Janeiro - Brasil.
Todos os direitos internacionais reservados - All rights reserved

TOM — DÓ MAIOR

C G7 C

Introdução: *C7M F7M Dm7 G7 C7M F7M Dm7 G7 C*

F7 C7M
Quantas noites não durmo
Em5- A7 Dm
A rolar-me na cama
Fm Dm5- C7
A sentir tanta coisa
D7 Dm7
Que a gente não sabe explicar quando ama
C7M F7 C7M
O calor das cobertas
Em5- A7 Dm
Não me aquece direito
Fm Dm5- C7M
Não há força no mundo
A7 Dm7 G7 C
Que possa afastar este frio em meu peito

Bis:
C7 F7M
Volta
F#m5- C/G A7
Vem viver outra vez a meu lado
A13 Dm7
Eu não posso dormir sem teu braço
G7 C C7
Pois meu corpo está acostumado
Fm7 F5+ 9- C7M 9
2ª vez: acostumado

BRANCA

Valsa

Letra de Duque de Abramonte

Música de Zequinha de Abreu

(c) Copyright 1924 by Irmãos Vitale S/A Ind. e Com. - S. Paulo - Rio de Janeiro - Brasil
Todos os direitos autorais reservados. All rights reserved.

C7
B7
C7M
B7
Em
F#m5-
B7
Em
Am
Em
F#m5-
C7
B7
Em
B7
Em
Am
B7/F#
Em
G7
C7
B7
Em
Do
ao
Em
orq.
D7
G
Trio
voz
G
D7
Am
D7
G
C7M

TOM — MI MENOR
Em B7 Em

Introdução: **Am F# m5- B7**

I

Em B7 E m
Há tempos que a vi,
E7 E9- Am7
Que eu a conheci,
Am
F# m5- B Em
Ela era linda, um primor de amor
B7
C7 B7 Em F#
Misto de estrela e de flor...
B7 Em
Mas, também sofreu.
E7 E9- Am Am7
Eu sei, vou contar,
F#m5- B7 Em C7M
Pois li naqueles olhos
F#m5- B7 Em
Cansados de chorar...

II

C7 B7
De tarde, ao chegar,
C7MB7 Em
Os trens um a um.
F#m5- B7
Ela viu desembarcar
Em Am Em
Um estranho tentador,
F#m5- C7 B7
E Branca a cismar
Em B7 Em
Num sonho de amor
Am B7 Em
Ficou logo apaixonada
G7 C7 B7 Em
Do mancebo tentador.

III

G D
Mas, essa flor,
Am7 D7 G
Não sentiu florir o amor,
G Am7
Nunca o sentiu florir

D7 G G7
Porque ele teve de partir...
D7 G D7
Viu-o embarcar
Am7 D7 G
Como um dia, após o amor
C F7 G7
E nunca mais, não,
E A7
Sentiu seu puro amor
D7 G
Do jovem, seu tentador!

Só tinha de ser com Você

Antonio Carlos Jobim e Aloisio de Oliveira

© Copyright — by ANTONIO CARLOS JOBIM E ALOÍSIO DE OLIVEIRA

C 6 9
A7
D9
G7
C7
C4+
F7
Bb7
Eb7
Ab7
G7 5+
C7M
Fm/G
C7M
G9-
Cm7
G 5+ 9+
Gm7
C13
F#m5-
Fm7
C/E
E5+
Eb7
Orquestra
Ab7M
G13
C7
F7
Bb7
Eb7
Ab13
G7
G5+
Voz
C7
C4+
Rep. ad. lib.
F7
Bb7
Eb7
Ab7
C9-

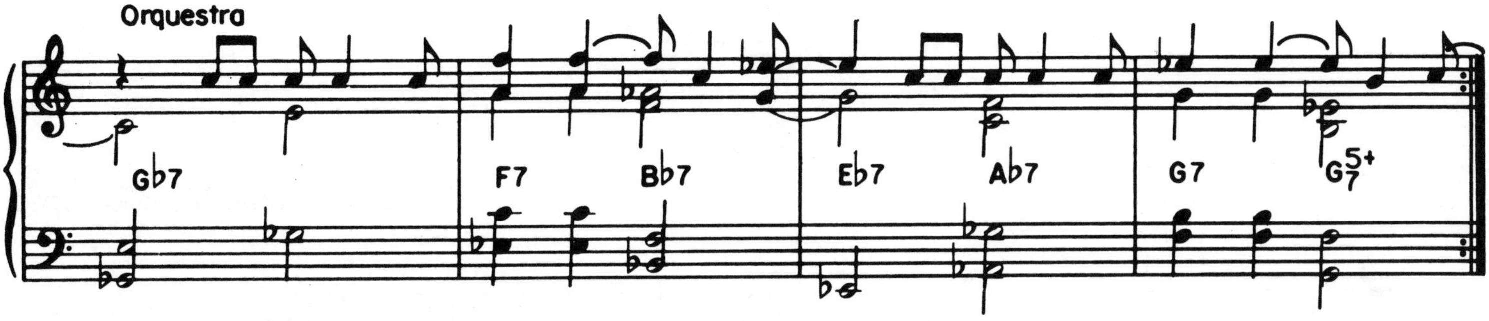

TOM — DÓ MAIOR

C G7 C

Introdução: *G9+*

C7M *C5+9+* *C7M9*
É só, eu sei
G5+ *Gm7*
Quanto amor
C9- *F#m5-*
Eu guardei
Fm7 *E5+*
Sem saber
A7 *D7* *D13*
Que era só
C13 *C7M6*
Pra você.

G5+9+ *Gm7*
Me deixa encontrar minha paz
C13 *F#m5-*
Você é que é bonito demais
Fm7 *C/E*
Se ao menos pudesse saber
E5+ *Eb7* *Ab7M*
Que eu sempre fui só de você
G13 *G7*
Você sempre foi só de mim.

Orquestra: *C7 F7 Bb7 Ab7 Ab7 G7 G5+*

D67M
É...
D9 *G5+* *C7M9*
Só tinha de ser com vo - cê
Db74 *G13* *C7M*
Havia de ser com vo - cê
G5+ *Gm7*
Senão, era mais uma dor
C9 *F#m5-*
Senão não seria o amor
Fm7 *C69*
Aquele que a gente não vê
A7 *D9*
Amor que chegou para dar
G7 *C7*
O que ninguém deu prá você
C4+ *F7* *B67* *Eb7* *Ab7*
Amor que chegou para dar
Ab7 *G75+*
O que ninguém deu
C7M
É...
Fm/G *C7M*
Você é que é feito de azul
G9- *Cm7*
Me deixa morar nesse azul

Quem é

Bolero

Silvio Lima e Maurilio Lopes

© Copyright Junho 1962 by EDIÇÕES EUTERPE LTDA. - Rua 7 de Setembro, 98 - 3.° andar - Rio de Janeiro - Brasil.
Todos os direitos internacionais reservados - All rights reserved

TOM — Sib MAIOR

Bb F7 Bb

Introdução: *Bb7M Gm7 Cm7 F7 Cm7 F7 Bb Gm7 Cm F7*

Bb
Quem é
Gm7 Cm Cm7
Que não sofre por alguém
F7
Quem é
Eb/F Bb Bb7M
Que não chora uma lágrima sentida
Eb7M Dm7
Quem é
Cm7 Bb Dm Cm F7
Que não tem um grande amor
F13 Cm7
Quem é
F7 Bb
Que não chora uma grande dôr.

Bb7 Eb7M
Deus meu Deus
Eb/F Bb
Traga pra junto de mim
Bb/D Cm7
Este alguém que me faz chorar
Eb/F F7 Bb7M
Que me faz sofrer tanto assim
Fm7 Bb7M Eb7M
Deus meu Deus
Ab7 Eb/F Bb
Tenha piedade de mim
Dm7 Gm7 Cm
Faça com que ela volte
Cm7
Viver sem ela
Bis *F7 Bb*
Será o meu fim.

Para Lennon e Mc Cartney

Balada Funk

Lô Borges, Marcio Borges e Fernando Brant

© Copyright 1976 by TRÊS PONTAS EDIÇÕES MUSICAIS LTDA.
SBK SONGS DO BRASIL EDIÇÕES MUSICAIS LTDA. - Rio de Janeiro - Brasil
Todos os direitos autorais reservados - All rights reserved

2
Ab7M
Eb/G
Fm7
Cm
a tempo
Gm
Gm9
Cm7
Gm9
Fm7
Gm7
Ab7M
Gm7
Fm7
Cb
Ab/Bb
ad lib.
Ab7M
Fm7
Fm/Eb
D7
D9-
G5+
Cm
Cm7M
Cm7

Cm6
Cm6 A5+
Ab7M Gm7
Fm9 Fm7 Gm7
Ab7M
Gm7
Fm7 Cb
Ab/Bb
Ab7M Eb/G
Fm7
a tempo
Cm
Cm7
Gm9-
Cm
Cm7
Gm9-
Gb7
Fm7
Gm7
Ab7M
Gm7
Fm7
rall. poco
Ab/Bb
1. FINAL
Ab7M Eb/G
Fm7 G5+/7
2.
Ab7M Eb/G
Fm7 G5+
Cm7

TOM — DÓ MENOR

Cm G7 Cm

```
                        9 +
Introdução: Cm  Abl3  C5+
```

```
Cm                                  Cm7M
     Porque vocês não sabem
Cm7                   Cm6 A11+
     Do lixo ocidental
Ab7M                 Gm7
     Não precisa medo não
Ab7M                    Gm7
     Não precisa da timidez
Fm7                Ab/Bb       Ab7M  Fm7  D7 D9- G5+
     Todo dia é dia   de viver.
Cm                              Cm7M
     Porque você não verá
Cm7                       Cm6  A11+
     Meu lado ocidental
Ab7M                 Gm7
     Não precisa medo não
Ab7M                      Gm7
     Não precisa da solidão
Fm7                A6/Bb       Ab7M  Eb/G  Fm7
     Todo dia é dia   de viver.
```

```
Cm                                  Gm  Gm9
     Eu sou da América do Sul
Cm7                                 Gm9
     Eu sei vocês nem não saber
Fm7                          Gm9
     Mas agora sou cowboy
Ab7M                      Gm7
     Sou do ouro, eu sou vocês
Fm7              Cb         Ab/Bb              Ab7M  Fm7  Fm  D9-
     Sou do mundo, sou   Minas Gerais                      Eb
Cm                            Cm74
     Porque você não verá
C7                        Cm6  Ab+
     Meu lado ocidental
Ab7M               Gm7            Fm9  Fm7  Gm7
     Não precisa mais temer
Ab7M                       Gm7
     Não precisa da timidez
Fm7             Cb      Ab7M
     Todo dia é dia   de viver.
```

Nós e o Mar

Roberto Menescal e Ronaldo Bôscoli

© Copyright 1981 by EDIÇÕES INTERSONG LTDA. - Rio de Janeiro - Brasil
Todos os direitos autorais reservados - All rights reserved

TOM — SOL MAIOR

G D7 G

Introdução: *G9 Ab7M G9 F/G G9 Ab7M G9 F/G*

C7M F/G Gb9 F/G
Lá se vai um dia assim
G7M/9 G6 F/G F/G
E a vontade que não tem fim, esse sol
G9 F/G G7M F/G
É viver, ver chegar ao fim
G/7M F/G G7M
Essa onda cresceu, morreu a seu pés.

G9 Gm7 Ab11+
E olhar, pro céu que é tão bonito
Gm7 C11+ Cm7 F7
E olhar prá esse olhar perdido nesse mar azul
Bb7M A5+ C/D
Outra onda nasceu calma desceu sorrindo
Gm7 C7
Lá vem vindo.
G9 F/G G7M9
Lá se vai mais um dia assim
Fb/G G7M F/G
Nossa praia que não tem mais fim,
G7M FG
Acabou
G7 F/G G7M9 F6/G
Vai sumindo uma lua assim
G7M G7M9
E a camélia que flutua núa no céu

Rosa Morena

Samba

Dorival Caymmi

© Copyright 1942 by MANGIONE & FILHOS COMP. LTDA.- São Paulo - Rio de Janeiro - Brasil.
Todos os direitos autorais reservados para todos os países - All rights reserved.

Gm9
C7
9
C5+
F7M
F♯dim
C7M
F7
Em5-
A5+
Dm
Fm
C7M
A7
Dm
B♭7
C7M
A7
D7
Dm7
G7
C6 9
A7
D7
Dm
G7
C
G5+
Do
ao
F♯dim
Em7
Do
A
ao
C
C9 6

TOM — DÓ MAIOR

C G7 C

Introdução: *Dm Fm C Dm7 G9 C° C7M G7*

Bis

```
      C7M    C°       Dm    G7
      Rosa   Morena
Dm7              G          G75+   Fm7
      Onde vais, morena   rosa,
C7M                    Dm7  G7     C
      Com essa rosa no cabelo,
                      A7
      E esse andar
                      Dm7
      De moça prosa,
G7          Dm7
      Morena,
G7                    F°     G7
      Morena Ro - sa.
```

```
Gm9
  Rosa   Morena
     C7          C75+          F7M
  O samba está esperando,
         F#°
  Esperando,
             C7M      F7
  Prá te ver,
Dm5-
  Deixa de parte
           A5+              Dm7
  Essa coisa de dengosa,
           Fm
  Ande, Rosa,
              C7M      A7
  Vem me ver,
  Dm                     Bb7
  Deixa de lado esta pôse,
              C7M
  Vem pro samba,
            A7
  Vem sambar,
      D7
  Que o pessoal
               Dm7        G7      C9/6
  Está cansado de esperar
    A7
  Ó Rosa,
      D7
  Que o pessoal
               Dm         G7      C
  Está cansado de esperar.
```

Roque Santeiro

Xamêgo Nordestino

Sá e Guarabyra

© Copyright 1985 by SOBRADINHO EDIÇÕES MUSICAIS LTDA.
Todos os direitos autorais reservados - All rights reserved.

2.
cōro
F/C
C
G
F
G
C
G
F
Em
F
G
Ao sem repet. e
G
Ao sem repet. e
F/C
C
G
F
C

TOM — DO MAIOR

C G7 C

Introdução: *C F C G C C G F C G7*
G C E F E E

G/F C/E
Dizem que Roque Santeiro
G6/B Gm/Bb
Um homem debaixo de um santo
A7 D
Ficou defendendo o seu canto e morreu
G G/F C/E
Mas sei que ainda é vivente
G6 Gm/Bb
Na lama do rio corrente
F G7 C
Na terra onde ele nasceu.

G F G
E no A B C do Santeiro (O que diz o A? O que diz o A?)
C
O A diz adeus à matriz (O que diz o B? O que diz o B?)
G F Em
O B é trabalho de morte (O que diz o C? O que diz o C?)
F G
Coitado do povo infeliz.
G/F C/F
O que diz que Roque Santeiro
G/6 Gm/Bb
Não pode ver seu povo em pranto
A7 D/F# G
Com a vida defendeu seu canto e morreu
Gb C
Mas sei que ele é vivente
G/b Gm/Bb
E abençôa o povo crente
F G7 C
Até quem não lhe socorreu.

Um dia de Domingo

Michael Sullivan e Paulo Massadas

© Copyright 1985 by EDITORA MUSICAL BMG ARABELLA LTDA.
© Copyright 1985 by EDIÇÕES MUSICAIS TAPAJOS LTDA.
Todos os direitos autorais reservados - All rights reserved.

Gm C7 C9 F Am A7
Dm Dm7 Gm7 C7
F F7 B♭ C7 Am7 C/D D7 Gm7 B♭/C
F E♭/F F7 B♭ C7 Am C/D D7 Gm B♭/C
1. F B♭/C 2. F Cm F7 B♭ C7 Am C/D D7 Gm7 B♭/C
F E♭/F F7 B♭ C7/E Am C/D D7 Gm7 B♭/C C9 F F4 F7

TOM — FÁ MAIOR

F C7 F

Introdução: F7M Am7 Gm7 F C7

F7M   Am7
Eu preciso te falar
Gm7   F   C7
Te encontrar de qualquer jeito
F   Am7
Prá sentar e conversar
Gm   Bb/C   F
Depois andar de encontro ao vento.

F   D7   Gm
Eu preciso respirar
                                C6/C
O mesmo ar que te rodeia
      C7   Fb9
E na pele quero ter
                Am7   A7   Dm7
O mesmo sol que te bronzeia
       F   F#°   Gm7
Eu preciso te   tocar
                            C7   F7M
E outra vez te ver sorrindo
                              F
E voltar num sonho lindo
Fb9   D9-   Gm
Já não da mais prá viver
                                   C7
Um sentimento sem sentido
        C9   F
Eu preciso descobrir
        Am7   A7   Dm
A emoção de estar contigo
Dm7   Gm7
Ver o sol amanhecer
                            C7
E ver a vida acontecer
                                  F
Como um dia de domingo.

            Bb   C7   Am7   C/D
Faz de conta que ainda é cedo
D7   Gm7   Bb/C   F   Eb/F
Tudo vai ficar por conta da emoção
F7   Bb
Faz de conta
        C7   Am   C/D
Que ainda é cedo
D7   Gm7   Bb/C
E deixa falar a voz do coração.

Eu Daria a Minha Vida

Balada

Martinha

© Copyright 1970 by IRMÃOS VITALE S/A. Ind. e Com. - São Paulo - Rio de Janeiro - Brasil
Todos os direitos autorais reservados para todos os países - All Rights Reserved

G
Bm7
Am7
D7
G
Bm7
Am7
D7
G
Cm
G
Em
Am
E♭
D7
Gm
Cm7
D7
Gm
G4
G7
Cm
Am5-
D7
Cm7
Gm
B♭
Am7
Gm

TOM — SOL MENOR
Gm D7 Gm

Introdução: *Gm G7 Cm D7 Gm D7*

```
      Gm                    Cm7
        Eu daria a minha vida
              D7      Gm D7   Gm   G4
        Para te esquecer
Bis   G7 Cm                  D7
        Eu daria a minha vida
                             Gm
        Prá não mais te ver.

   D7   Cm7             F7
        Já não tenho nada
              Bb            Gm
        A não ser você comigo
   Cm7                  F7
        Sei que é preciso
              Bb                  D7
        Esquecer, mas não consigo

        Gm                   Cm
        Eu daria a minha vida
              D7      Gm D7   Gm   G4
        Para te esquecer
   G7   Cm7    Am5-          D7
        Eu daria a  minha vida
                             Gm
        Prá não mais te ver.

        G               Bm7
        Digo à todo mundo
              Am7      D7
        Nunca mais verei
         G               Bm7
        Aqueles olhos tristes
               Am7      D7
        Que eu tanto amei.

        G               Cm
        Mas existe em mim
                G               Em
        Um coração apaixonado
            Am   Eb       D7
        Que diz  só prá mim.

            Gm                    Cm7
        Que eu daria a minha vida
            D7      Gm G4
        Prá você voltar
   G7       Cm                    Am5-
        Que eu daria a minha vida
            D7  Cm7  Gm/Bb  Am7  Gm
        Prá você ficar.
```

Saudades de Matão

Valsa Sertaneja

Letra de
Raul Torres

Arranjo Fácil

Música de
Jorge Galati e Antenógenes Silva

© Copyright 1938 by IRMÃOS VITALE S/A. Ind. e Com. - São Paulo - Rio de Janeiro - Brasil
Todos os direitos autorais reservados para todos os países - All Rights Reserved

G7
C
FIM
f
G7
C
G7
C
G7
C
G7
C
1.
2.
Do
ao
C
p
F
Gm
F
C7
F
C7
Gm
C7

TOM — DÓ MAIOR

C G7 C

Introdução: *C G7 C*

```
                 C    Cº G7
Neste mundo eu choro a dor
          Dm7  G7  C
Por uma paixão sem fim
                      G7
Ninguém conhece a razão
                   Cº   C
Porque eu choro as- sim.
                 C  Cº  G7
Quando lá no céu sur- gir
          Dm7G7  C
Uma peregri- na flor
                    F   Fm
Pois todos devem saber-er
C                 G7
Que a sorte me tirou
                  C
Foi uma grande dor.


       G7             C
Lá no céu junto a Deus
       G7                C
Em silêncio minh'alma descansa
       G7       C
E na terra todos cantam
       G7
Eu lamento minha desventura
              C
Desta pobre dor.

F      Gm      F
Ninguém me diz
C7          F          C7
Que sofreu tanto assim
         Gm             C7 F
Esta dor que me conso-me
C7              F
Não posso viver
Gm         F
Quero morrer
           F          F      F7    Bb
Vou partir prá bem longe da- qui
               Bb   Bbm  F
Já que a sorte não quiz,
           G7 C7 F
Me fazer fe-liz.
```

Lampião de Gás

Valsa

Letra e Música de Zica Bergami

© Copyright 1958 by IRMÃOS VITALE S/A. Ind. e Com. - São Paulo - Rio de Janeiro - Brasil
Todos os direitos autorais reservados para todos os países - All Rights Reserved

Bb F Bb7M F/C D7 Gm7
Cm7 D7 Gm7 C7 F Dm7 Gm7
C7 F C4 F Bb F
Bb F D7 Gm7 Cm7 Gm7
C9 F Dm7 Gm7 C7 F
C4
DO 𝄋
AO 𝄌
Gm7 C7 F

TOM — FÁ MAIOR
F C7 F

Introdução: Gm7 C7 F Gm C7 F

(Bis)
F
Lampião de gás!
Bb/C F
Lampião de gás!
F7 Bb F
Quanta saudade
C7 F
Você me trás!

F C7 F Bb F
Da sua lu - zinha verde azulada
Bb7M F/C D7 Gm7
Que i l u m i n a v a minha janela,
Cm7 D7 Gm7 C7 F
Do almofa - dinha, lá na calçada,
Gm7 C7 F
Palheta branca, calça apertada.
C4 F Bb F
Do bilboquê, do diabolô,
Bb F D7 Gm7
"Me dá foguinho", "Vai no visinho",
Cm7 C7 F
De pular corda, brincar de roda,
Dm7 Gm7 C7 F
Do Benjamim, Jagunço e Chiquinho.

(Bis)
F
Lampião de gás!
Bb/C F
Lampião de gás!
F7 Bb F
Quanta saudade
C7 F
Você me trás!

F C7 F Bb F
Do bonde aber - to do carvoeiro
Bb7M F/C
Do vassoureiro, com seu pregão,
D7 Gm7 Cm7 D7 Gm7
Da vovózinha, muito branquinha,
C7 F Dm7 F
Fazendo roscas, sequilhos e pão...
C4 F Bb F
Da garoinha fria, fininha,
Bb F D7 Gm7
Escorregando pela vidraça,
Cm7 Gm7 C9 F
Do sabugueiro grande e cheiroso,
Dm7 Gm7 C7 F
Lá do quintal da rua da Graça...

(Bis)
F
Lampião de gás!
Bb/C F
Lampião de gás!
F7 Bb F
Quanta saudade
C7 F
Você me trás!

F C7 F Bb
Da minha São Paulo, calma e serena,
Bb7M F/C D7 Gm7
Que era pequena, mas grande demais!
Cm7 D7 Gm7 C7 F
Agora cres - ceu, mas tudo morreu...
Dm7 Gm7 C7 F
Lampião de gás, que saudade me traz

Nem Morta

Michael Sullivan e Paulo Massadas

© Copyright 1985 by EDITORA MUSICAL BMG ARABELLA LTDA. - São Paulo - Rio de Janeiro - Brasil
Todos os direitos autorais reservados - All rights reserved

F♯°
Gm7
Am5-
D7
Gm7
Gm6
C/E
C7
C9
F
F7M
Cm7
F7
B♭7M
C/B♭
Am7
D7
Gm7
C7
Cm7
Cm6
F7
B♭7M
C/B♭
Am7
D7
Gm7
Gm7/C
C9-
F/C
C13
Do
ao
e
Fim
F
Fim

TOM — FÁ MAIOR
F C7 F

Introdução: *Bb/C F7M/C Bb/C F7M/C Bb/C F7M/C*

F
Eu só fico em seus braços
F#°
Porque não tenho forças
Gm Am5-
Prá tentar ir à luta
D7 Gm7
Eu só sigo os teus passos
Gm/F C/E
Pois não sei te deixar
C7 F Gm7
E esta idéia me assusta
C7 F7M
Eu só faço o que me mandas
F#°
Pelo amor que é cego
Gm7 Am5-
Que me castra e domina
D7 Gm7
Eu só digo o que me dizes
Gm6 C/E
Foi assim que aprendi
C7 C9 F F7M Cm7
A ser tua menina.
F7 Bb7M
Prá você, falo tudo
C/Bb
No fim de cada noite
Am7
Te exponho o meu dia
D7
Mas que tola ironia
Gm7
Pois você fica mudo
C7
Nesse mundo só teu
Cm7 Cm6
Cheio de fantazi - as.
F7 B7M
Eu só deito contigo
C/Bb
Porque quando me abraças
Am7
Nada disso me importa
D7
Coração abre a porta
Gm7
Sempre eu me pergunto
Gm7/C
Quando vou te deixar
C9-
Me responde:
F
Nem morta!

Nada por mim

Herbert Vianna e Paula Toller

© Copyright 1985 by EDIÇÕES TAPAJÓS LTDA
© Copyright 1985 by FIXAÇÃO PRODUÇÕES ARTÍSTICAS, FONOGRÁFICAS E EDITORA LTDA
Todos os direitos autorais reservados - All rights reserved.

D. C
com repetição
e
Solo guitarra
C
C
Dm7
Gm7
Gm7 C7
D/A
Fm/Ab
C
F/A
Fm/Ab
C/G
D/F#
F
Fm
C
F/A
Fm/Ab
C/G
D/F#
F

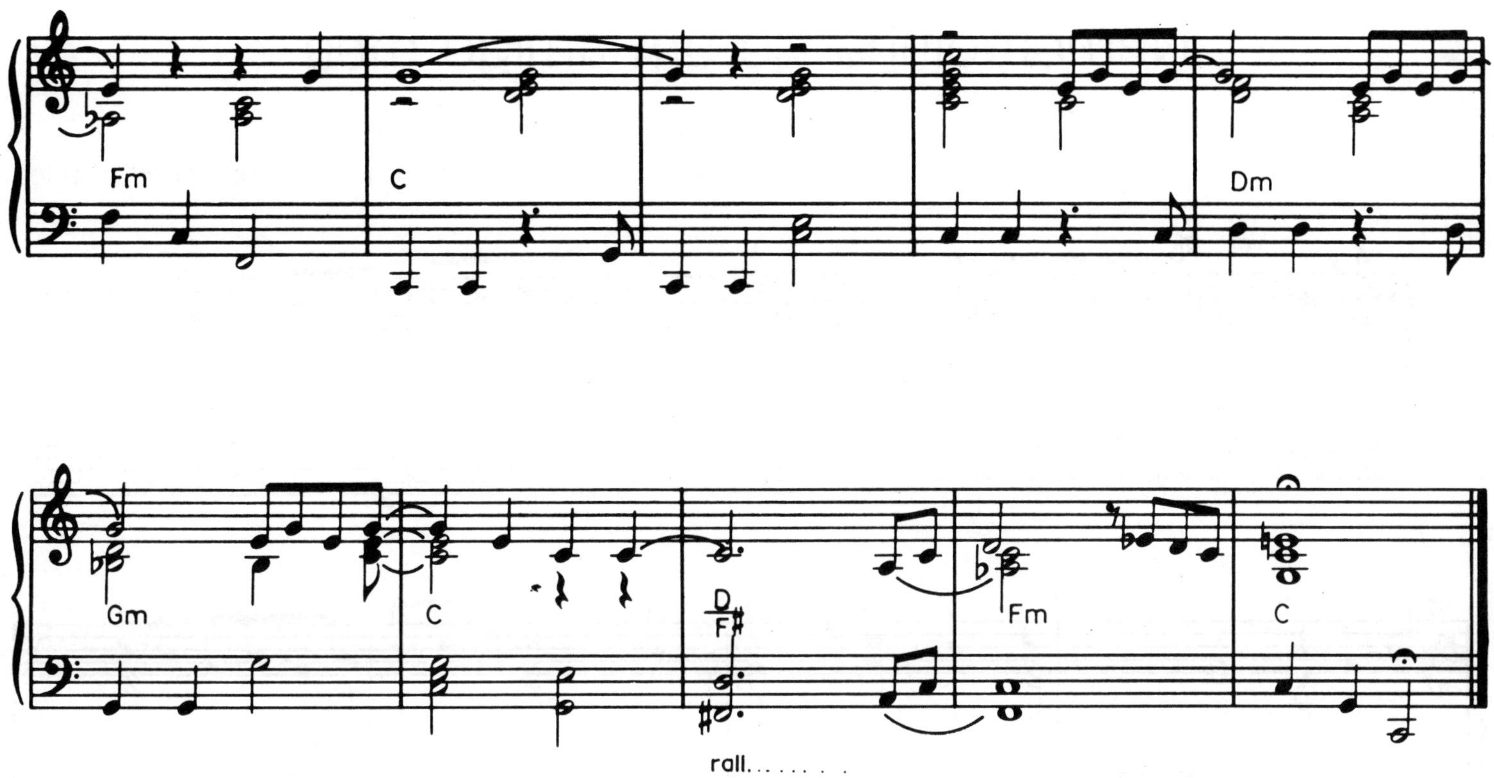

TOM — DÓ MAIOR
C G7 C

Introdução: *Dm7 Gm C D/F# Fm C*

Dm7 Gm
Você me faz fácil demais
C D/F#
Mas não parece capaz
Fm C
De cuidar do que possui

Dm Gm
Você sorriu e me propôs
C D/F#
Que eu te deixasse em paz
Fm C
Me disse vá e eu não fui.

Bis
F/A Fm/Ab
Não faça assim
C/G D/F# F
Não faça nada por mim
Fm C
Não vá pensando que eu sou seu

Dm Gm
Você me diz o que fazer
C D/F#
Mas não procura entender
Fm C
Que eu faço só prá agradar.

Dm7 Cm
Me diz até o que vestir
C D/F#
Com quem andar, onde ir
Fm C
E não me pede prá voltar.

SOLO DE GUITARRA:
C Dm7 Gm7 Gm7 C7 D/A Fm/Ab C

Bis
F/A Fm/Ab
Não faça assim
C/G D/F# F
Não faça nada por mim
Fm C
Não vá pensando que eu sou seu.

Namoradinha de um amigo meu

Letra e Música de Roberto Carlos

© Copyright 1966 by SERESTA EDIÇÕES MUSICAIS· Av. Ipiranga, 1123 - São Paulo - Brasil
Todos os direitos autorais reservados para todos os países - All rights reserved

Bm
F♯m
Bm
Em
A7
Em
A7
Em
F♯7
Bm
E7
Bm
E7
Bm
Bm
Em7
Bm
F♯m
Bm
Bm
Em
Bm7
F♯m
Bm
F♯7
Do 𝄋 ao 𝄌
Bm

TOM — SI Menor

Bm F#7 Bm

Introdução: Bm Em F#7 Bm

```
      Bm                Bm7
      Estou amando loucamente
                F#m7              Bm
      A namoradinha de um amigo meu
      Bm
      Sei que estou errado
                   F#m                Bm
      Mas nem mesmo sei  como isto aconteceu
Em          A7
      Um dia sem querer
Em            A7
      Olhei em seu olhar
Em          F#7             Bm        E7
      E disfarcei até prá ninguém notar
F#7       Bm
      Não sei mais o que faço
                F#m
      Prá ninguém saber

      Que estou gamado assim
      Bm
      Se os dois souberem

      Nem mesmo sei
      F#m                       Bm
      O que eles vão pensar de mim
Em            A7
      Eu sei que vou sofrer
Em            A7
      Mas tenho que esquecer
Em                 F#7
      O que é dos outros
                   Bm
      Não se deve ter
           E7        Bm
      Vou procurar alguém
            E7          Bm
      Que não tenha ninguém
            Bm      Em7  Bm
      Pois comigo aconteceu
                  F#m                Bm
      Gostar da namorada de um amigo meu
        Bm     Em7  Bm
      Comigo aconteceu
                   F#m               Bm
      Gostar da namorada de um amigo meu.
```

Marcha da Quarta Feira de Cinzas

Marcha Rancho

Carlos Lyra e Vinícius de Moraes

© Copyright 1963 by EDITORA MUSICAL ARAPUÃ Ltda. - São Paulo - Brasil
Todos os direitos autorais reservados - All rights reserved

1.
Dm6
F
E7
Am9
Bm7 5-
E7
2.
Am
A
D
D9 6
Dm
Dm6
A9
F♯m7
A
B
B7
Dm6
E7
D
F♯
E7
G♯
Do
al
e
Coda
Coda
ad. libtum
Am
Am7
Bm5-
E7

TOM — LÁ MENOR

Am E7 Am

Introdução: **Am E7 Am**

```
   Am7    Am          Bm5-  E9-
Acabou o nosso carnaval
         Am              Bm5-  E4
Ninguém ouve cantar canções
   Bm5-         C#m7
Ninguém passa mais
              F#9
Brincando feliz
            B7
E nos corações
             Dm6  F
Saudades e cinzas
                            7
     E7    Am9     Bm5-
Foi o que restou...
E7          Am7  Am      Bm5-  E9-
Pelas ruas que se vê
         Am                      Bm5-
É uma gente que nem se vê
E4                C#m7
Que nem se sorri
                 F#m5+9
Se beija e se abraça
             B7
E sai caminhando
                 Dm6   F
Dançando e cantando
    E7          Am     A
Cantigas de amor
D        D69            Dm
E no entanto é preciso cantar
A9                        F#m7
Mais que nunca é preciso cantar
A B                 B7
É preciso cantar
                 Dm6   E7      D  F#
E alegrar a cida - de
```

```
E7  G#      Am7            Am   Bm5-  E9-
A tristeza que a gente tem
                Am         Bm5-  E4
Qualquer dia vai acabar
                C#m7
Todos vão sorrir
              F#.7.5-
Voltou a esperança
                  B7
É o povo que dança
                Dm6  F
Contente da vida
                                 7
    E7            Bm5-
Feliz a cantar.
E7        Am7           Am     Bm5-  E9-
Porque são tantas coisas azuis
        Am7                          Bm5-
Há tão grandes promessas de luz
E4         C#m7           F# 9  5+
Tanto amor para amar
                       B7
De que a gente nem sabe
                     Dm6 F       E7
Quem me dera viver pra ver
       E7                  Am
E brincar outros carnavais
              D69
Com a beleza
          Dm
Dos velhos carnavais
                        F#m7
Que marchas tão lindas
A B                 B7
E o povo cantan - do
                     Dm6    E7  D   F#  E7   G#
Seu canto de paz.
```

Nada será como antes

Milton Nascimento e Ronaldo Bastos

© Copyright 1976 by TRÊS PONTAS EDIÇÕES MUSICAIS LTDA.
SBK SONGS DO BRASIL EDIÇÕES MUSICAIS LTDA. - Rio de Janeiro - Brasil
Todos os direitos autorais reservados - All rights reserved

1.
2.
E7
E♭7
D7
D♭7M
D♭7M
Cm7
Cm7
Cm9
B♭7M
B♭m7
D♭/E♭
F
F9
Fm7
Repetir ad libtum para final
A♭m7
E♭m7
A♭m7
Fm7 5-
A♭m7
E♭m7
A♭m7
Fm7 5-
Cm7
Ao

TOM - DÓ MENOR

Cm G7 Cm

Introdução: *Cm7 (2 COMPASSOS)*

Cm7 C7
Eu já estou com o pé nesta estrada,
Bb/C Cm7 Bm7
Qualquer dia a gente se vê,
Eb47 Ab7M Db7M
Sei que nada será como antes ama—nhã
Cm47 Fm7
Que notícias me dão dos amigos
Gm7
Que notícias me dão de você
Cm7 F7/C
Alvoroço em meu coração
Ab/C F7/C
Amanhã ou depois de amanhã
F° E7 Eb7 D79
Resistindo na boca da noite um gosto de sol
Cm7
Um domingo qualquer,
C47
Qualquer hora
Bb/C Cm7 Bbm7
Ventania em qualquer direção
Cm47 Eb47 Ab7M Db74
Sei que nada será como antes amanhã
Fm7
Que notícias me dão dos amigos
Gm7
Que notícias me dão de você
Cm7 F9/C
Sei que nada será como está, amanhã,
Ab/C F7/C
Ou depois de amanhã
F9 E7 Eb7 D79 Db74
Resistindo na boca da noite um gosto de sol.

Tema de Amor de Gabriela

Bossa

Antonio Carlos Jobim

© Copyright 1983 by EDITORA MUSICAL BMG ARABELLA LTDA. - São Paulo - Rio de Janeiro - Brasil
Todos os direitos autorais reservados - All rights reserved

Bm7 E7
Gm/Bb A9
Dm7 G#°
Am F7
Bb7/D E7
orquestra
Am
Ab/Bb Bb7/9
Eb7M/Bb Gb°
Fm7 Bb7
Eb7M
Am5- D7
Gm9
Am7/4 D9-
1.
Fm7
2.
Db9/11+
Cm Cm7
Dm5- G5+/7
C7M C9-
Fm7 Bb9/7
Eb7 Ab7
Db G7
C9
Ao 𝄋
c/repet.
e ⊕

TOM — LÁ MENOR
Am E7 Am

Introdução: *Am7 C D/C Cm7 Eb C7M11+*

Dm7 G7 C7M
Chega mais perto moço bonito
Eb° Dm7 F/G C7M
Chega mais perto, meu raio de sol.
F#m5- Am/B Em
A minha casa é um escuro deserto
F#m5- B7 Dm9
Mas com você ela é cheia de sol.

Dm7 G9 C7M
Molha tua boca na minha boca
Eb° Dm7 F/G C7M
A tua boca é meu doce, é meu sol.
F#m5- Am/B Em
Mas aquem sou eu nessa vida tão louca,
F#m5- B7 Bb911+
Mais um palhaço no teu carnaval.

Bb911+ Am/C
Casa de sombra, vida de monge,
Bm7 E7 Gm/Bb
Quanta cachaça na minha dor,
A7 Dm7 G#° Am
Volta pra casa fica comigo,
F7 Bb7 E7 Am
Vem que eu te espero tremendo de amor.

Seduzir

Djavan

© Copyright —— by LUANDA Edições Musicais Ltda. - SBK Songs do Brasil - Rio de Janeiro
Todos os direitos autorais reservados - All rights reserved

TOM — SIb MAIOR

Bb F7 Bb

Introdução: *Bb9 Eb Bb Eb*

Bb
Cantar:
Eb
É mover o dom
Bb Bb7 Eb Ebm6
Do fundo de uma paixão
Gm9 C7 Ab/Bb Bb7
Seduzir
Eb Eb/F F7 Bb F4 F7
As pedras, catedrais, coração.

Bb
Amar
Eb
É perder o tom
Bb Bb7 Eb D/F#
Nas comas da ilusão
Gm C7
Revelar
Eb F
Todo sentido
Bb C7
Vou andar, vou voar.

Eb F7
Pra ver o mundo
Bb C7
Nem que eu bebesse o mar
Eb F7 Bb
Encheria o que eu tenho de fundo.

Improvisação:

Bb Eb Bb Eb Eb Bb Eb

Só em teus braços

Bossa Nova

Tom Jobim

Moderato

© Copyright —— by ANTONIO CARLOS JOBIM - Rio de Janeiro - Brasil
Todos os direitos autorais reservados - All rights reserved

TOM — DÓ MAIOR

C G7 C

Introdução: *D13 G7 C7M9 C69 G139-*

C Dm7 Em7 C5+
Sim promessas fiz, fiz projetos, pensei tanta coisa,
F7M Fm6 Em7 Am7
E vem o coração e diz que só em teus braços, amor,
Dm7
Eu posso ser feliz.
G13 G69 A5+7 D13
Eu tenho esse amor para dar o que é que vou fazer,
G9- C7M Dm7 C7M9 C5+
Eu tentei esquecer e prometi apagar da minha vida,
F7M Fmb C7M
Este sonho e agora o coração me diz,
Am7 Dm9
Que só em teus braços, amor, eu ia ser feliz,
Gb° C7M/G Fm C69 D13 G9- C69
Que só em teus braços, amor, eu posso ser feliz.

Telefone

Samba

Roberto Menescal e Ronaldo Boscoli

© Copyright 1976 by IRMÃOS VITALE S/A. Ind. e Com. - São Paulo - Rio de Janeiro - Brasil
Todos os direitos autorais reservados para todos os países - All Rights Reserved

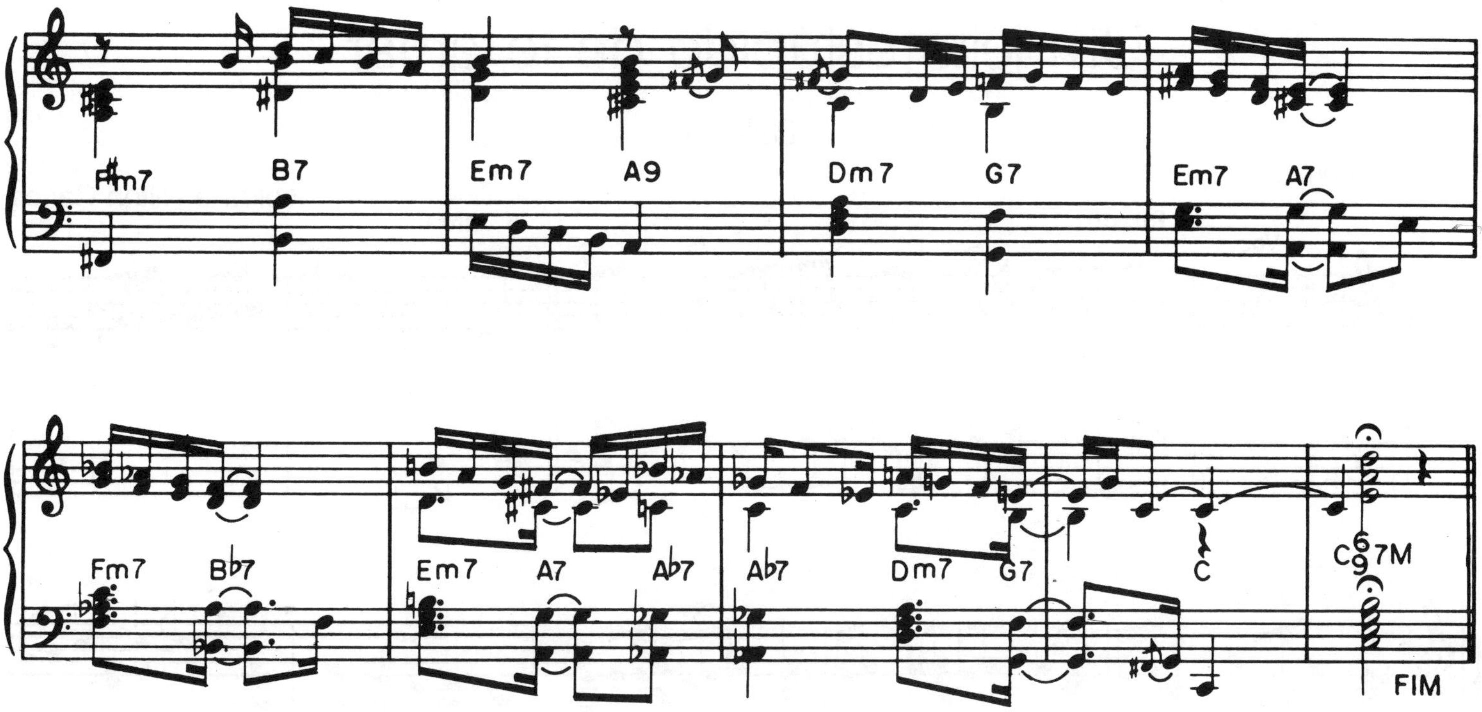

TOM — DÓ MAIOR
C G7 C

Introdução: *F7 E7 Am D7 Dm7 G7*

Dm7 G7 Dm7 G7
Tuém, tuém, ocupado pela décima vez
Dm7 G7 Dm7 G7
Tuém, tuém, telefone não consigo falar,
Gm7 C9 Gm7 C7
Tuém, tuém, estou ouvindo há muito mais de um mês
Gm7 C9 Gm7 C7
Tuém, tuém, já começa quando eu penso em deixar,
F7 E7 Am
Eu já estou desconfiado,
D7 D9 Dm7 G7
Que ela deu meu telefone prá mim...
Dm7 G7 Dm7 G7
Tuém, tuém, e dizer que a vida inteira esperei,
Dm7 G7 Dm7 G7
Tuém, tuém, que dei duro e me matei prá econtrar
Gm7 C9 Gm7 C7
Tuém, tuém, tôda a lista quase eu decorei
Gm7 C9 Gm7 C7
Tuém, tuém, dia e noite não parei de discar...
F7 E7 Am7 B7 Em
Só vendo com que jeito pedia prá ligar,
F#m7 B7 Em7 F#m7
Tuém, tuém, não entendo mais nada
B7 Em7 A9
Prá que eu fui topar,
Dm7 G7 Em7 A7
Tuém, tuém, não me diga que agora entendeu,
Fm7 Bb7 A7
Será que eu, consegui,
Ab7 Dm7 G7 C
Agora encontrar, a moça atendeu: alô!

Um jeito estúpido de te amar

Balada

ANDANTE

Isolda e Nilton Carlos

© Copyright 1976 by EDITORA MUSICAL BMG ARABELLA LTDA. - São Paulo - Rio de Janeiro - Brasil
Todos os direitos autorais reservados - All rights reserved

TOM — FÁ MAIOR

F C7 F

Introdução: *F C7 F*

```
        F
    Eu sei que tenho um jeito
               F7M
    Muito estúpido de ser
                Em5-          A7
    E de dizer coisas que podem
                     A5-
    Magoar e te ofender
Dm9
    Mas cada um tem seu jeito
                  Cm7              F13
    Próprio de amar, e de se defender.

Bb                 C/Bb
    Você me acusa e só me preocupa
Am7                D7
    Agrava mais e mais a minha culpa
G4                 G7
    Eu faço e desfaço o contrafeito,
                  Bb/C              C7
    O meu defeito é te amar demais.

         F
    Palavras são palavras
F7M                        Em5-
    E a gente nem percebe

    O que disse sem querer
A7
    E o que deixou pra depois.
Dm7
    Mas, importante é perceber

    Que a nossa vida em comum
                  Cm7                     B7
    Depende só e unicamente de nós dois
Bb7                        C/Bb
    Eu tento achar um jeito de explicar

Am5-                   D7         D9
    Você bem podia aceitar
       G13             Gm7
    Eu sei que eu tenho
                          C9-
    Um jeito meio estúpido de ser,
F                                      Bbm6 Bb/C
    Mas é assim que eu sei te  amar
       F
    Palavras são palavras
F7M                        Em5-
    E a gente nem percebe

    O que disse sem querer
A7
    E o que deixou pra depois,
Dm7
    Mas importante é perceber

    Que a nossa vida em comum
                 Cm7
    Depende só e unicamente
               B7
    De nós dois.

Bb7                              C/Bb
    Eu tento achar um jeito de explic...
       Am5-                 D7          D9
    Você bem que podia me aceitar
       G13         G13-
    Eu sei que tenho um jeito
                  C9-
    Meio estúpido de ser
F                 Bbm6                  F  F7M9
    Mas é assim que eu sei te amar.
```

Não quero ver você triste

Balada

Roberto Carlos e Erasmo Carlos

© Copyright 1965 by IRMÃOS VITALE S/A. Ind. e Com. - São Paulo - Rio de Janeiro - Brasil
Todos os direitos autorais reservados para todos os países - All Rights Reserved

TOM — Sib MAIOR
Bb F7 Bb

Introdução: *Cm7 F7 Dm7 Db° Cm7 Eb/F F7 Bb Bb7M Dm7 G7*

Recitado

O que é que você tem

Conta pra mim

Não quero ver você triste assim

Não fique triste

O mundo é bom

A felicidade até existe

Enxugue a lágrima

Pára de chorar

Você vai ver, tudo vai passar

Você vai sorrir outra vez,

Que mal alguém lhe fêz

Conta prá mim

Não quero ver você triste assim

Recitado

Olha

Vamos sair

Pra que saber aonde ir

Eu só quero ver você sorrir

Enxugue a lágrima

Não chore mais

Olha que céu azul até demais

Esqueça o mal

Pense só no bem

Assim a felicidade um dia vem

Uma canção

Canta prá mim

Não quero ver você triste assim

Madalena

Samba

Moderato

Ivan Lins e Ronaldo Monteiro de Souza

© Copyright 1970 by EDIÇÕES INTERSONG LTDA. - Rio de Janeiro - Brasil
Todos os direitos autorais reservados - All rights reserved

TOM — FÁ MAIOR

F C7 F

Introdução: *F7M F6 Bb7M C9- F7M F6 Ab7M C9- F7M F6 Bb7M C7*

F
Oh! Madalena
Dm Gm7 C7 F
O meu peito percebeu
Dm7 Gm7 C7 F7M
Que o mar é uma gôta
Cm7
Comparado ao pranto meu
F7M
Mas fique certa
Bb7M Gm7 Cm7 F7
Quando o nosso amor desper - ta
Bb7M Gm7 Cm7 F7
Logo o sol se deses-pera
Bb7M Gm7 Bb Am7
E se esconde lá na Serra
D7 Gm7
Eh! Madalena

GmF Em5-911
O que é meu não se divide
Em5- A7 Dm9
Nem tão pouco se admite
Dm9 Bm7
Que do nosso amor duvide
E7 A7m
Até a Lua
Bm7 D/F# A7M
Se arrisca num palpite
F/G G7 C7M
Que o nosso amor existe
F/G
Forte ou fraco
G7 Bb/C C7 C4
Alegre ou triste

Para acabar:

F7M Dm7 Gm7 C9-
Oh! Madalena, Oh! Madalena
F7M Dm7 Gm7 C9-
Oh! Madalena, Oh! Madalena!

Triste Madrugada

Samba

Letra e Música Jorge Costa

© Copyright 1966 by IRMÃOS VITALE S/A. Ind. e Com. - São Paulo - Rio de Janeiro - Brasil
Todos os direitos autorais reservados para todos os países - All Rights Reserved

Am5-
D7
Gm7
Am7
D7
Gm/Bb
1.
2.
Bb/C
C9-
Am7
Dm7
Gm7
C7
C7
F
G13
C7
F7M/C
F7M
D7
Gm7
C7/G
F7M/C
F7/C
Bb6
C7/Bb
Am5-
D7/A
Gm7
C7
F
Eb

TOM — FÁ MAIOR
F C7 F

Introdução: *Gm7 C7 F D7 Gm Gm7 C7 Am D7 C7*

Bis

F7M D7 D9– Gm7 Gm7
Triste madrugada foi aquela
C7 C9 F7M F6
Que eu perdi meu violão
Gm7 Am5– D9– Gm7 Am7 D7
Não fiz serenata prá ela
Gm/Bb Bb/C C7 Am7 Dm7 Gm7 C7
E nem cantei uma linda canção

G13 C7 F7M/C F7M
Uma canção para quem se ama
D7 Gm7 C7/G F7M/C
Que sai do coração dizendo assim

Bis

F7/C Bb6
Abre a janela amor
C7/Bb Am5–
Abre a janela
D7/A Gm7 C7 F Eb
Dê um sorriso e joga uma flor para mim

Cantando assim

Lá, lá, lá,...

Das Rosas

Dorival Caymmi

© Copyright 1965 by DORIVAL CAYMMI - Rio de Janeiro - Brasil
Todos os direitos autorais reservados - All rights reserved.

F F7M Eb7 9 D7 Gm Gm7
C9 7 F C9- F7M 9 E7 Cm Eb
D7 Gm7 Em5- A9- Dm7 Am5- D7
1. Gm Bbm6 F A Bm5- Bb7M
Bb C F7M 2. Bb7M Bb C F Gm C F
Dm Dm7 Gm7 Am7 Am5- D7

TOM — FÁ MAIOR

F C7 F

Introdução: *F C7 F*

F C7 F
Nada como ser rosa na vida
F7M Dm7 Gm Gm9 Am5-
Rosa mesmo ou Rosa mulher
Cm7 D7 Gm
Todos querem muito bem à rosa
C7
Quero eu...
Eb/F F7M Gm7 C9—
Todo mundo também quer
F13
Um amigo me disse que em samba
Bb7M Gm7
Canta-se melhor flor e mulher
F F7M
...e eu...
Eb79 D7
Que tenho rosas como tema
Gm Gm9 C79 F C9—
Canto no compasso que quiser.

F7M E9— Cm/Eb
Rosas... rosas... rosas...
D7 Gm7
Rosas formosas,
Em5— A9— Dm7
São rosas de mim
Am5— D7 Gm
Rosas a me confundir
Bbm6 F/A
Rosas a te confundir
Bm5— Bb7M
Com as rosas, as rosas,
Bb/C F7M
As rosas de Abril.

F7M E9— Cm/Eb
Rosas... rosas... rosas...
D7 Gm7
Rosas mimosas
Em5— A9 Dm7
São rosas de ti
Am5— D7 Gm
Rosas a me confundir
Bbm6 F/A
Rosas a te confundir
Bm5— Bb7M
Com as rosas, as rosas,
F7M
As rosas de Abril.

Dm Dm7 Am7
Rosas a me confundir
Am5— D7 Gm
Rosas a te confundir
Gm7 Gm6
São muitas... são tantas...
Eb9 D7
São todas tão rosas,
G9 C7 F
R o s a s de Abril.

Fogão

Frevo

Sergio Lisboa

© Copyright 1953 by IRMÃOS VITALE S/A. Ind. e Com. - São Paulo - Rio de Janeiro - Brasil
Todos os direitos autorais reservados para todos os países - All Rights Reserved

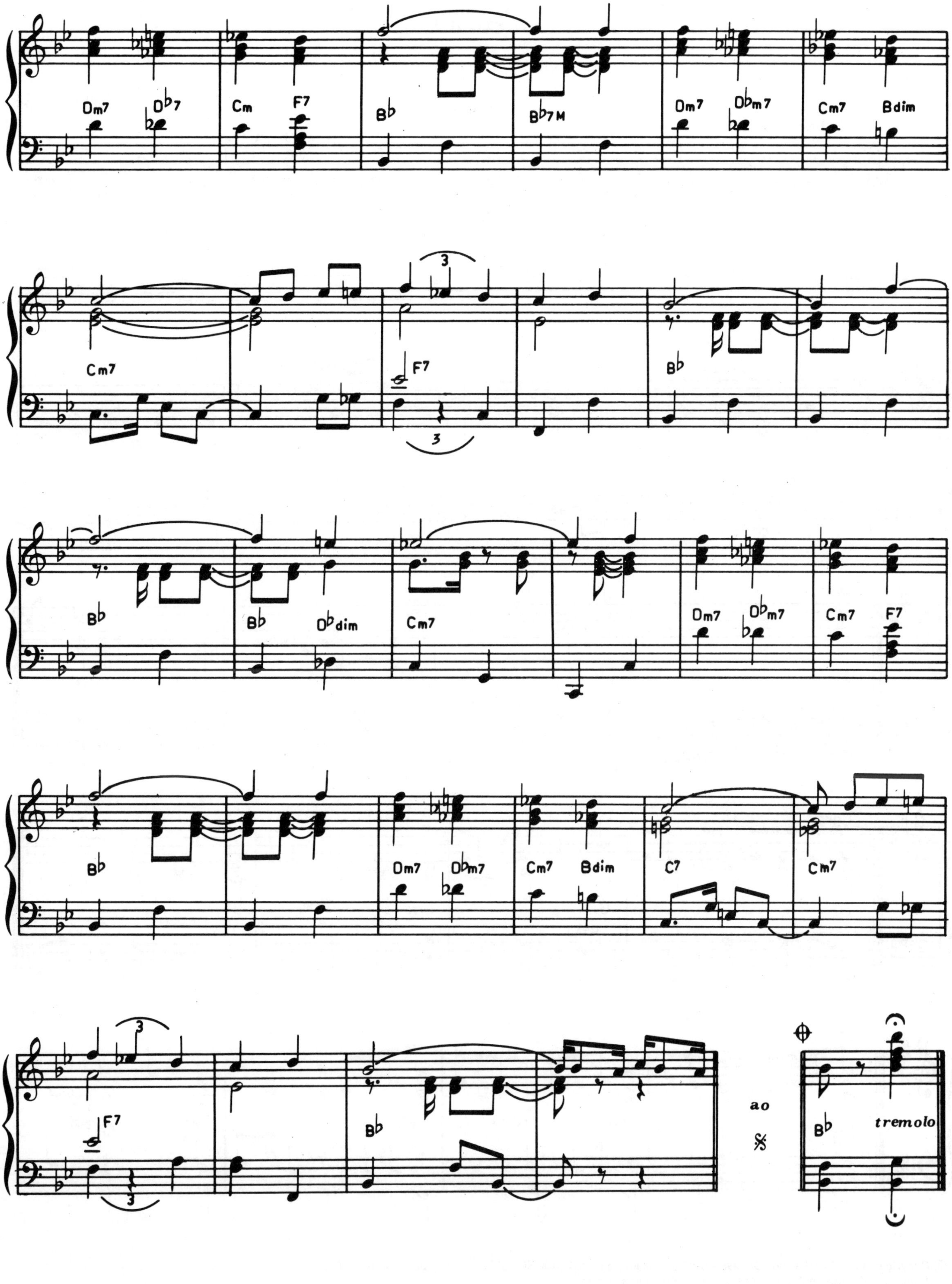
Dm7 Db7
Cm F7
Bb
Bb7M
Dm7 Dbm7
Cm7 Bdim
Cm7
F7
Bb
Bb
Bb Dbdim
Cm7
Dm7 Dbm7
Cm7 F7
Bb
Dm7 Dbm7
Cm7 Bdim
C7
Cm7
F7
Bb
ao
Bb
tremolo

Palco

Gilberto Gil

© Copyright 1980 by GG PRODUÇÕES LTDA. - Adm. por INTERSONG LTDA. - Rio de Janeiro - Brasil
Todos os direitos autorais reservados - All rights reserved

D
Em
F♯m7
G7M
A7
G
A7
Bm
F♯m7
G7M
A7
G/A
Bm
F♯m
G7M
A7
G/A
G7M
F♯m7
G7M
A7
Bm
F♯m
1.
G7M
A7
2.
G7M
A13
D. C.
Coda
D
D7
G
Gm
A5+
Côro
D7
G
Gm6
D6

TOM — RÉ MAIOR

D A7 D

Introdução: *D7M D9 G7M Gm7 D D7 G7M Gm7 Gm9*

```
D69            Em
Subo neste palco
         F#m7           G7M
Minha alma cheira a talco
           F#m7            G   D/A    A7
Como bumbum de bebê, de bebê,
D             Em
Minha aura clara
         F#m7         G7M           A7    G    A7
No que é      clarividente, pode ver, pode ver,
D69               Em
Trago a minha banda
          F#m7          G7M
Só quem sabe onde é luanda
      F#m7            G   D/A    A7
Saberá  lhe dar valor, dar valor,
D              Em
Vale quanto pesa
            F#m7            G7M                  A7   G      A7
Prá quem presa o louco bumbum do tambor, do tambor.
```

Refrão:

```
Bm            F#m7
Fogo eterno para afugentar
G7M           A7         G/A
O inferno prá outro lugar
Bm            F#m7
Fogo eterno prá consumir
G7M           A7    G/A
O inferno fora daqui.
```

```
D69               Em
Venho para a festa
          F#m7          G7M
Sei que muitos tem na testa
          F#m7          G   D/A  A7
O Deus sol    como sinal, um sinal,
D             Em
Eu como devoto
           F#m7           G7M         A7  G       A7
Trago um cesto de alegrias de quintal, de quintal,
D69                 Em
Há também um cântaro
F#m7             G7M   F#m7
Quem manda é deusa música
   G      D/A     A7
Pedindo pra deixar
D             Em
Derramar o bálsamo
      F#m7          G7M        A7  G    A7
Fazer    o canto cantar e cantar. lá lá iá
```

REFRÃO

As Praias Desertas

Samba-Canção

Antonio Carlos Jobim

© Copyright —— by ANTONIO CARLOS JOBIM - Rio de Janeiro - Brasil
Todos os direitos autorais reservados - All rights reserved

Am9
Em7
F♯m5-
F♯m6
Em
F7M
C9 7M
F7M
Fm6
C7M/G
G♭7
A♭6
A♭m6
C9 7M
F7
G9 6
Gm
C7
D7M/A
D/E
F/G
C9 7M/G
Dm7/G
G5+
Cm9

TOM — DÓ MAIOR
C G7 C

Introdução: *AbII+ G7 Cm G5+*

Cm9
As praias desertas
Dm5- G5+ C7M(9)
Continuam esperando por nós dois
F7 F G7 C7M Am7 Am6
A este encontro eu não devo faltar
Em Em6 F7
O mar que brinca na arêia
Em7 Em
Está sempre a chamar
F6 Fm6 C/G
Agora eu sei que não posso faltar
Em7 F#m5-
O vento que volta lá fóra
F#m6 Em F7M
O mato onde não vai ninguém
C7M9 F7M Fm6 C7M Ab7
Tudo me diz não podes mais fingir
Ab6 Abm6
Porque tudo na vida
F7M9
Há de ser sempre assim
G69 Gm
Se eu gosto de você
D7M D7M/A
E você gosta de mim,
Cm9
As praias desertas
Dm5- G5+ C7M
Continuam esperando por nós dois.

Azul da cor do Mar

Balada

Tim Maia

© Copyright 1971 by EDIÇÕES INTERSONG LTDA. - Rio de Janeiro - Brasil
Todos os direitos autorais reservados - All rights reserved

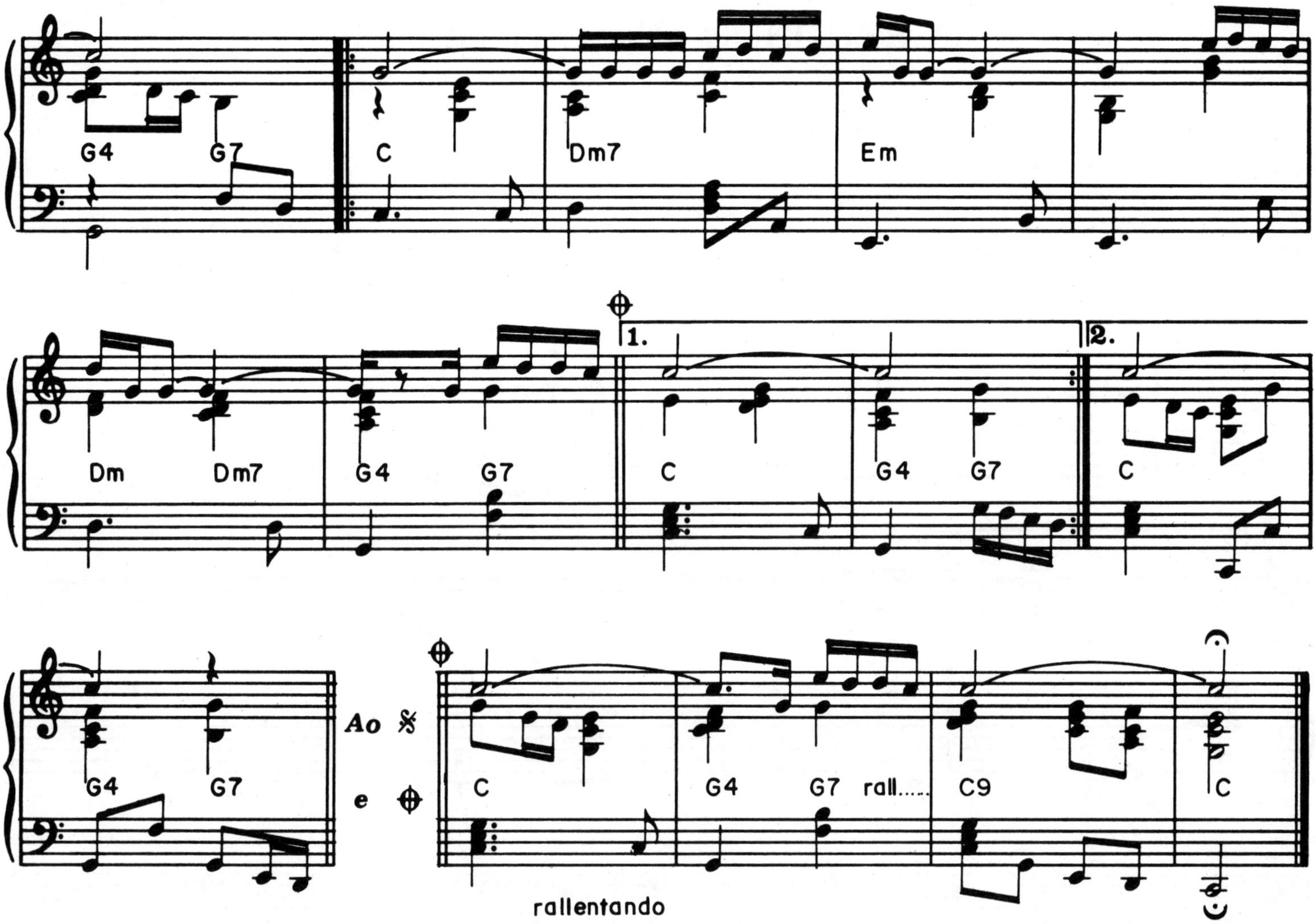

TOM — DÓ MAIOR

C G7 C

Introdução: *C G7 C*

C Dm Em
Ah! se o mundo inteiro me pudesse ouvir

Dm G7 C G
Tenho muito prá contar dizer que aprendi

C Dm Em
Que na vida a gente tem que entender

Dm G7 C
Que um nasce prá sofrer enquanto o outro ri

Orquestra:

Dm
Ti ru ri ri ri ro ro ro riro

Em7
Ti ru ri ri ri ro ro ro riro

Dm
Ti ru ri ri ri ro ro ro riro

C Dm Em
Mas quem sofre tem que procurar

Dm G7 C
Pelo menos vir achar razão para viver

C Dm Em
Ver na vida algum motivo prá sonhar

Dm G7 C
Ter um sonho todo azul, azul da cor do mar,

A saudade mata a gente

Toada

João de Barro e Antonio Almeida

© Copyright 1948 by TODAMÉRICA MÚSICA LTDA. - Rio de Janeiro - Brasil
Todos os direitos reservados para todos os países - All rights reserved.

TOM - DÓ MAIOR

C G7 C
Introdução: Dm7 G7 C Dm7 G7 C

Em A7 Dm
Fiz um rancho na beira do rio
F G7 C E7
Meu amor foi comigo morar
D
Am7 Gm7 F#
E na rede mas noites de frio
F Fm
G Ab C
Meu bem me abraçava pra me agasalhar

C7 Gm7 C7 F
Mas agora meu Deus vou me embora
Fm Bb7 C7M
Vou-me embora e não sei se vou voltar
Em5– A7 Dm7
A saudade nas noites de frio
F
Ab7 G Bb7 C
Em meu peito vazio virá se aninhar.

Bis

G7 C
A saudade é dor pungente

Morena!
Dm7 G7 C
A saudade mata a gente

Morena!..

Álibi

Samba-Canção

Djavan

© Copyright 1978 by EDIÇÕES INTERSONG LTDA. - Rio de Janeiro - Brasil
Todos os direitos autorais reservados - All rights reserved

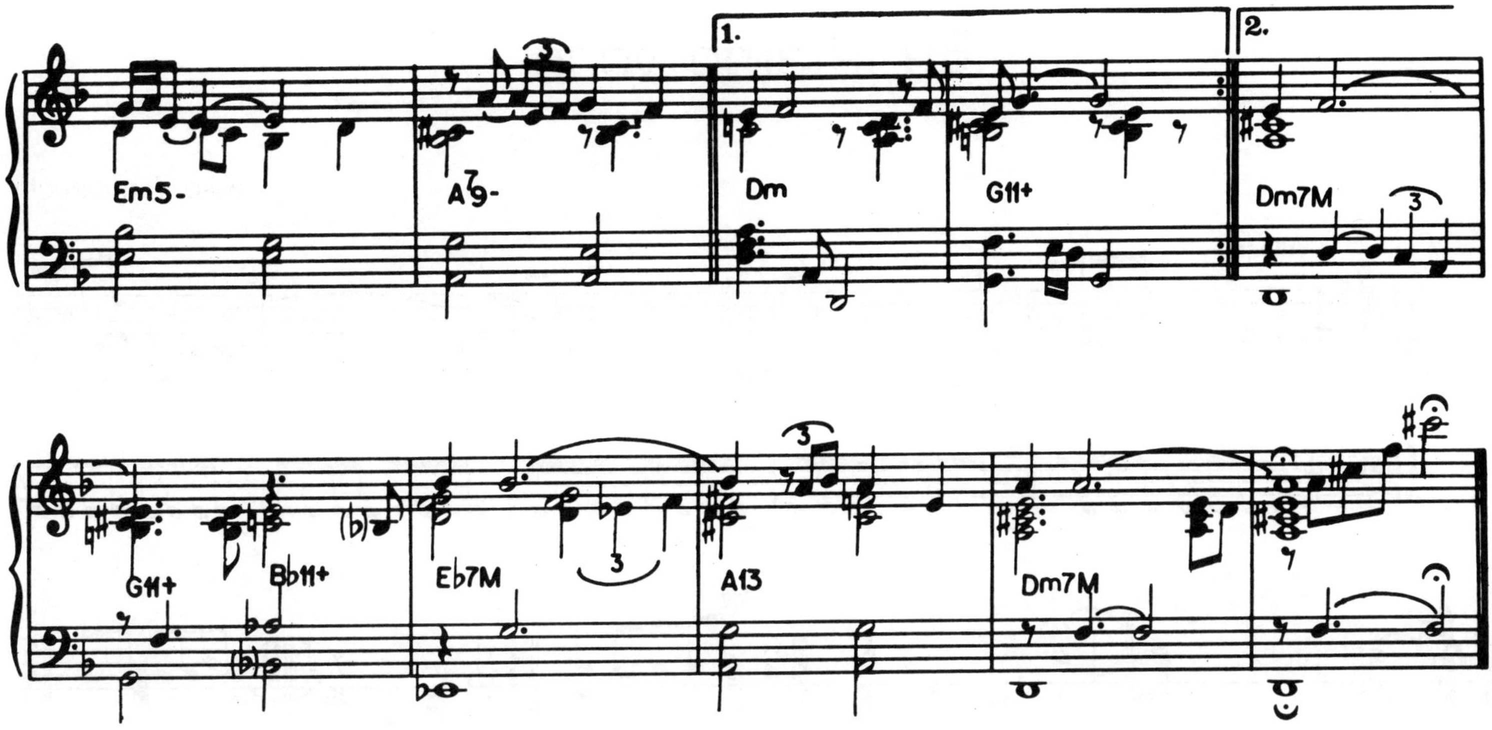

TOM — RÉ MENOR

Dm A7 Dm

Introdução: *Dm7 Bb9*

Eb7M
Havia...

A7 A13 Dm7
Mais que um desejo

G7 F4 Em5-
A força do beijo

Bb7M A5+
Por mais que vadia

Dm9 G11+ Bb11+
Não sacia mais

Eb7M A13
Meus olhos

A13- Dm7M G11+
Lacrimejam teu corpo

F4 Em5-9
Exposto à mentira

Bb7M A5+
Do calor da ira

Gm9
Do afan de desejo

Bb7M
Que não contraira

A13- Dm7
No amor

Bb79
A tortura está por um triz

Am5-
Mas a gente atura

D7
E até se mostra feliz

Gm7 C79 F7M
Quando se tem o álibi

Am7
De ter nascido ávido

D7 Em5-
E convivido inválido

A79- Dm
Mesmo sem ter havido

G11+
Havido...

Eu te amo Você

Kiko Zambianchi

© Copyright 1985 by EDIÇÕES MUSICAIS TAPAJOS LTDA.
Todos os direitos autorais reservados - All rights reserved.

TOM — SOL MAIOR

G D7 G

Introdução: *G C G*
G

G Bm
Acho que não sei não
C D Em7
Eu não queria dizer
G Bm
Tô perdendo a razão
C D Em
Quando a gente se vê

Bm C7M
E tudo é tão difícil
D
Que eu não vejo a hora
Em
Disso terminar
Bm C
E virar só uma canção
D
Na minha guitarra

Em C
Eu te amo você
Am
Já não dá prá esconder
G
Essa paixão.

G Bm
Eu queria te ver
C D Em
Sentindo esse lan - ce
G Bm
Tirando os pés do chão
C D Em
Típico roman - ce.

Bm C7M
Mas tudo é tão difícil
D
Que era mais fácil
Em
Tentarmos esquecer
Bm D C
E virar só uma ilusão
D
Nessa madrugada
Em C
Eu te amo você
Am
Já não dá prá esconder
G
Essa paixão.

Em C
Mas não quero me ver
C/D G
Te roubando o prazer da solidão.

Em C
Eu te amo, eu te amo você,
C/D G
Não precisa dizer o mesmo não
Em C
Mas não quero te ver
C/D G
Me roubando o prazer da solidão.

Etc, repetir ad libtum

Êxtase

Guilherme Arantes

© Copyright 1979 by EDITORA MUSICAL BALAIO Ltda.
© Copyright 1988 by SIGEM-SISTEMA GLOBO DE EDIÇÕES MUSICAIS LTDA. - Rio de Janeiro - Brasil.
Todos os direitos autorais reservados para todos os países - All rights reserved.

TOM — DÓ MAIOR

G D7 G

Introdução: *G C (DUAS VEZES)*

G Eu nem sonhava te amar desse *C* jeito
G Hoje nasceu novo sol no meu *C* peito
G Quero acordar te sentindo ao meu *C* lado
G Viver o êxtase de ser *C* amado

G Com sua ajuda tranqüila e *C* serena
G Vou aprendendo que amar vale a *C* pena
G Que essa amizade é tão *C* gratificante
G Que esse diálogo é muito *C* importante.

Bis

Am6 Espero que a música
Que eu canto *F* ago*F7M*ra
Bbm5– Possa expres*E7*sar
O meu súbito *Am* amor-*F*or

De coração prá coração

Isolda, Mauro Motta,
Robson Jorge e Lincoln Olivetti

© Copyright 1988 by CEMBRA LTDA
© Copyright 1988 by SBK SONGS DO BRASIL EDIÇÕES MUSICAIS LTDA
© Copyright 1988 by PONCIO EDIÇÕES MUSICAIS LTDA
Todos os direitos autorais reservados - All rights reserved.

TOM — SOL MAIOR
G D7 G

Introdução: *C/D D G7M G6 C/D Dm7 G*

C/D D G7M
Vem mais prá cá chega prá mim
G6 C/D Dm7
Quero sentir esse som de amor
D7 G C D
E ficar assim na sintonia da emoção
D7 G C
De coração prá coração.
C/D D G7M
Eu sou assim um sonhador
G6 C/D
Que encontrou nessa vida
Dm7 G
O caminho do seu amor,
C D
Deixa o seu beijo me mostrar
D7 G C
O que você não diz, vem cá.

D G
Por essa madrugada afora
D G
Seu beijo no amanhecer
C Am
Nós somos só nós dois agora
D7 G
E tanta coisa prá dizer.
D G
E tudo isso faz sentido
D G
Você me faz compreender
C Am
Que tudo é muito mais bonito
D7 G
O tempo todo com você.

C/D
Você e eu
D G7M
E nada mais
G6 C/D
E os nossos beijos
Dm7
Têm sempre o sabor
D7 G
De te quero mais
C
Então não deixe
D
Prá depois
D7 G
Tudo é bonito
G
Entre nós dois.
C/D D G7M
Somos assim somos iguais
C/D Dm7
A vida cheia de coisas tão lindas
D7 G
Que a gente faz
C D
Na sintonia da emoção
D7 G C
De coração prá coração.

Para terminar:

D G
Por essa madrugada afora, (Etc)

17 e 700

(Dezessete e Setecentos)

Baião

Luiz Gonzaga e Miguel Lima

© Copyright 1945 by IRMÃOS VITALE S/A. Ind. e Com. - São Paulo - Rio de Janeiro - Brasil
Todos os direitos autorais reservados para todos os países - All Rights Reserved

TOM — DÓ MAIOR:

C G7 C
Introdução: *F Fm6 C/E D#° Dm G7 C*

Bis

C G7
Eu lhe dei 20 mil réis
C
Prá tirar 3 e 300
G7
Você tem que me voltar
C
17 e 700
Am Dm
17 e 700
G7 C
17 e 700

C
Sou diplomado
F C
Freqüentei Academia
A7
Conheço Geografia
Dm
Sei até multiplicar
Dm7 F
Dei 20 mangos
G7 C
Bis Prá pagar 3 e 300
Am G7
17 e 700
C
Você tem que me voltar
A7 Dm
Você tem que me voltar
G7 C
17 e 700
A7 Dm
17 e 700
G7 C
17 e 700

Alma

Guarânia

Suely Costa e Abel Silva

© Copyright 1982 by ALDEBARÃ EDIÇÕES MUSICAIS LTDA.
© Copyright 1982 by LOUÇA FINA EDIÇÕES MUSICAIS LTDA.
Adm. por SBK SONGS DO BRASIL EDIÇÕES MUSICAIS LTDA. - Rio de Janeiro - Brasil
Todos os direitos autorais reservados - All rights reserved

Am5- D9- Gm7 Gm/F Bm5- E7 A7
Guarânia(um pouco mais)
Gm7 C7 F7M 5+ Bb7M E 9- 11+ A7
D9 D9- G/B C9 F7M Bb7
Eb A7 Dm Bb7M
Gm7 Gm9 Eb Eb7M A11+
Ao 𝄋 e ⊕
Dm
Repetir ad libtum sumindo
Gm7 C7 F7M 5+ Bb7M

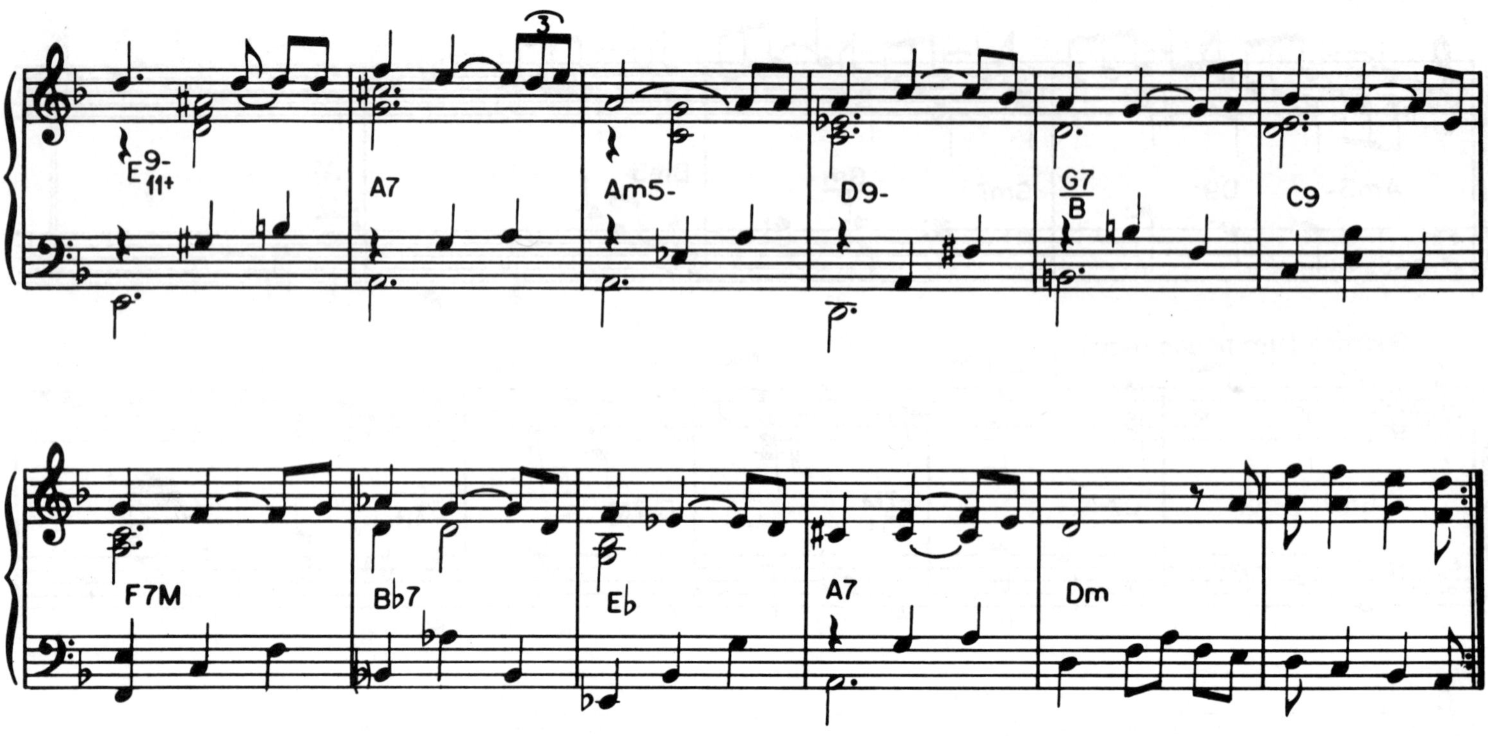

TOM — RÉ MENOR

Dm A7 Dm

Introdução: *Bb7M A/C# F7M/C C11+ C A7/Bb*

A7 Dm
Há almas que têm

As dores secretas

Dm/C
As portas abertas

B7 Bb7M Bb6
Sempre pra dor

Gm7
Há almas que têm

C7 F7M
Juizo e vontades

E4 E7
Alguma bondade

A4
A algum amor

A7 Cm7
Há almas que têm

F7 Bb5+7M
Espaços vazios

Bb6 Bm5+
Amores vadios

E7 A4
Restos de emoções

A7 Am5-
Há almas que têm

D9- Gm7
A mais louca alegria

Gm/F Bm5-
Que é quase agonia

E7 A7
Quase profissão

Gm7
A minha alma tem

C7 F5+7M
Um corpo moreno

Bb7M E9-11+
Nem sempre sereno

A7 D9
Nem sempre explosão

D9- G/B
Feliz esta alma

C9 F7M
Que vive comigo

B7 Eb
Que vai onde eu sigo

A7 Dm
O meu coração

Gm7
A minha alma tem

C7 F5+7M
Um corpo moreno

Bb7M E9-11+
Nem sempre sereno

A7 Am5-
Nem sempre explosão

D9- G7
Feliz esta alma

C9 F7M
Que vive comigo

Bb7 Eb
Que vai onde eu sigo

A7 Dm
O meu coração.

Andorinha Preta

Toada

Letra e Música de Breno Ferreira

© Copyright 1956 by IRMÃOS VITALE S/A. Ind. e Com. - São Paulo - Rio de Janeiro - Brasil
Todos os direitos autorais reservados para todos os países - All Rights Reserved

Dm7 G7 C Gm
C7 F Dm/G C Dm7 G7
C G7 C G7
C G7 C G7
C
Do
𝄋
ao
⊕
C Dm7 G7 C

TOM — DÓ MAIOR

```
           C  G7  C
Introdução: C F C F Bm7 E7 Am F G7 C C7 F7M G7 C

                         G7
Bis ┌ Eu tinha um'andorinha que me fugiu da gaiola
    │                    C                 F            C
    └ Eu tinha um'andorinha que me fugiu da gaiola
                         C7
      Eu tinha um'andorinha que me fugiu da gaiola
                         F                 G7           C
      Eu tinha um'andorinha que me fugiu da gaiola
        Am               Dm                             G7
      Eu tinha um'andorinha que me fugiu da gaiola
                         C                 F            C
      Eu tinha um'andorinha que me fugiu da gaiola

      Dm7  G7         C
      Oi,     andorinha preta
      Dm7  G7       C
      De      aza arrepiada
      Gm  C7            F
      Vai,    vai dormir teu sono
          Dm  C
      Andorinha oi!
      Dm7 G7          C
      Que     é de madrugada

                G7
      Oi quanta coisa
                   C
      Não se devia fazê
                     G7
      Quanta vez a gente chora
                             C
      Por perder seu bem querê!
            G7
      Minha cabôcla
                     C
      Foi simbóra do sertão
                             G7
      Fez que nem as andorinhas:
                     C
      Foi buscar outro verão!

      Eu tinha uma andorinha, etc.
```

As vozes dos animais

(Cena de Fazenda)

Toada e Marcha

Arranjo Fácil
pelo processo de Baixos Alternados

Letra original em Português e
Música de Mário Mascarenhas

Introdução

Lento — Ritmo de Toada

© Copyright 1989 by IRMÃOS VITALE S/A. Ind. e Com. - São Paulo - Rio de Janeiro - Brasil
Todos os direitos autorais reservados para todos os países - All Rights Reserved

Com o galinho a can — tar O cabrito a ber — rar E o cavolo a relin — char Você quer
ó O galinho já não canta O cabrito já não berra E o cavolo vai dor — mir Mas de ma-
mf
Dm
Am
E7
Am
Ver?
nhã!
Vivo-Tempo de Marcha
O ga — li — nho faz as —
f
(Galo)
G7
C
sim: có có ró có O ca — bri – to faz as — sim: mé
(Cabrito)
G7
C
mé mé mé A va — qui – nha faz as — sim: mú mú mú
(Vaquinha)
G7
muú E o ca — va – lo faz as — sim: rin rin rin rin rin rin rin rin rin Quando a noite vem che-
(Cavalo)
C
G7
C
Ao
e

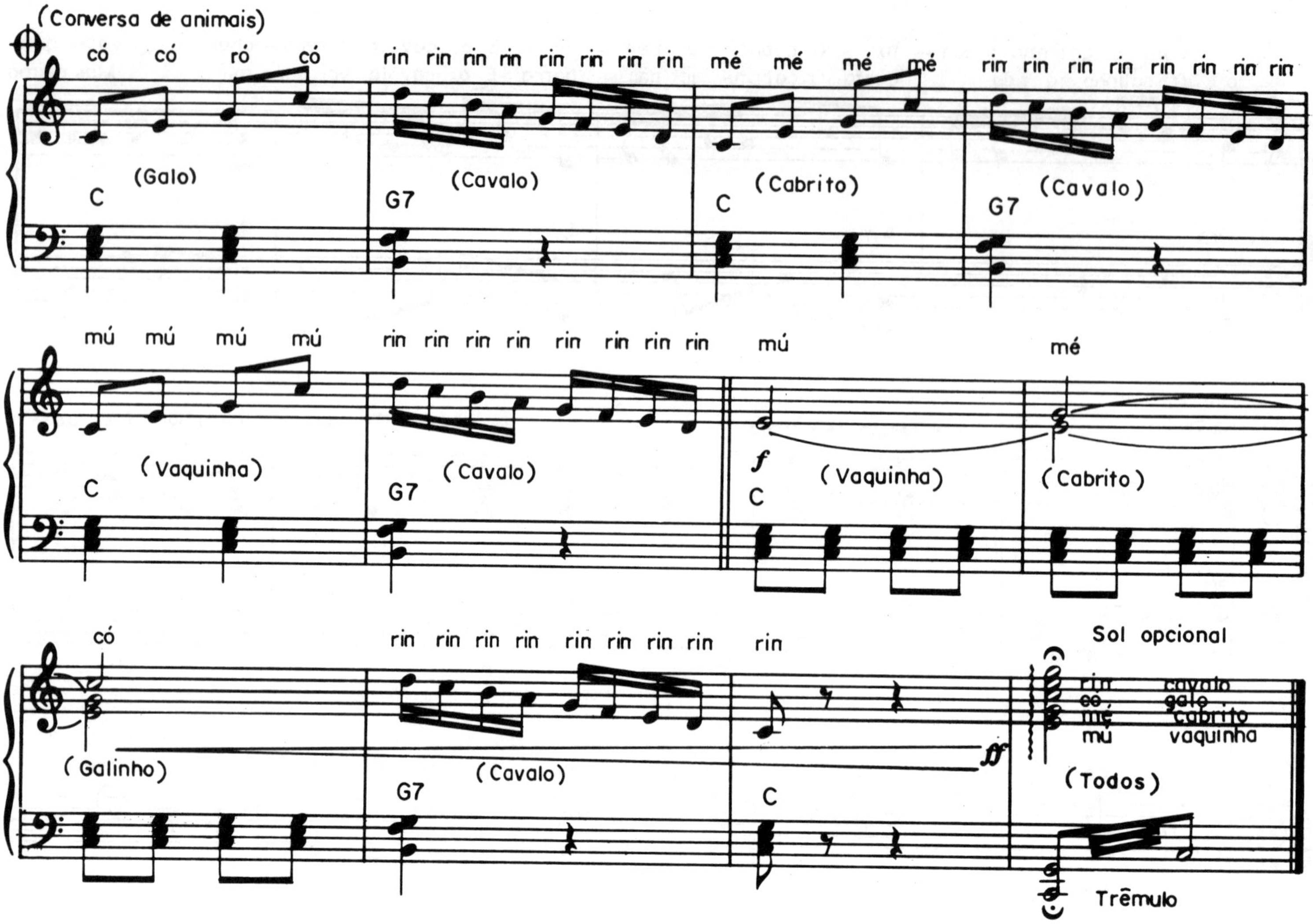

TOM — LÁ Menor
Am E7 Am

Introdução: *Dm Am E7 Am*

I

Am
Amanhece na fazenda
E'7
Os homens vão trabalhar,
E7
Os meninos buscam o leite,
Am
As mulheres vão cozinhar.
A7
O sol nasce majestoso,
Dm
Que beleza a natureza
Am
Com o galinho a cantar,
E7
O cabrito a berrar,
Am
E o cavalo a relinchar.
G7
Falando: Você quer ver?)

Estribilho:

C *G7*
O galinho faz assim: Có có ró có
C
O cabrito faz assim: Mé mé mé mé
G7
A vaquinha faz assim: Mú mú mú mú
C G7 *C*
E o cavalo faz assim: Rin rin rin rin rin rin rin rin rin .

II

Am
Quando a noite vai chegando,
E7
Os homens vão descansar,
E7
Os meninos vão prá cama,
Am
E as mulheres vão rezar.
A7
A fazenda adormece,
Dm
O luar clareia a serra,
Am
O galinho já não canta,
E7
O cabrito já não berra,
Am
E o cavalo vai dormir.
G7
Falando: (Mas de manhã!)

Estribilho:

Depois, para finalizar: (Conversa de animais)

CORAL A 4 VOZES

Qualquer Professor poderá facilmente preparar um interessantíssimo Coral a 4 vozes com esta música, fazendo cada um cantar e imitar a voz de um animal. O principal é no final, que fará um grande sucesso se no último acorde cada bicho cantar uma nota. O que tiver a voz mais aguda, poderá dar a nota Sol opcional! Deve-se escolher o mais engraçado para imitar o relinchar do cavalo bem forte e cômico. Para fazer um bonito relinchar, aconselha-se aspirar bem para encher os pulmões de ar.

THE VOICES OF THE ANIMALS
Versão em Inglês de Billy Soares

I

Am
When the day breaks in the farm
E7
All the men go to work
E7
And the children fetch the milk
Am
All the women go to cook.
A7
The sun raises splendidly
Dm
How beauty is the nature
Am
When the rooster starts crowing
E7
And the little goat bellows
Am
And the little horse whinnies.
Am G7
Talking: (Do you see?)

Refrain:

C G7
And the rooster does like this:

Có có ró có
C
And the goat does like this:

Be be be be
G7
And the cow does like this:

Moo moo moo moo
C
And the horse does like this:
G7
Rin rin rin rin rin rin
C
Rin rin rin.

II

Am
When the dark night arrives
E7
All the men go to rest
E7
All the children go to bed
Am
And the women go to pray.
A7
When the beautiful farm sleeps
Dm
The moon brightens the hills
Am
The rooster doesn't crow
E7
The goat doesn't bellow
Am
And the horse goes to sleep.
Am G7
Talking: (But in the morning!)

Refrain:

LAS VOCES DE LOS ANIMALES
Versão em espanhol de Cristina Arcoverde

I

Am
Amanece en la estancia
E7
Los hombres a trabajar
E7
Los niños van por la leche
Am
Mujeres a cocinar.
A7
El sol sale majestuoso
Dm
Que bella naturaleza
Am
El gallito a cantar
E7
El cabrito a berrear
Am
Y el caballo a relinchar.
Am G7
Hablando: (Tu quieres ver?

Refrain:

C G7
El gallito hace asi:

Có có ró có
C
El cabrito hace asi:

Me me me me
G7
La vaquita hace asi:

Mu mu mu mu
C
Y el caballo hace asi:
G7
Rin rin rin rin rin
C
Rin rin rin.

II

Am
La noche ya va llegando
E7
Los hombres a descansar
E7
Los niños van a la cama
Am
Las mujeres a rezar.
A7
La estancia se adormece
Dm
La luna alumbra la sierra
Am
El gallito ya no canta
E7
El cabrito ya no berrea
Am
Y el caballo va a dormir.
Am G7
Hablando: (Mas de mañana!)

Refrain:

Beijo Partido

Bossa Nova

Toninho Horta

© Copyright 1976 by TRÊS PONTAS EDIÇÕES MUSICAIS LTDA.
SBK SONGS DO BRASIL EDIÇÕES MUSICAIS LTDA. - Rio de Janeiro - Brasil
Todos os direitos autorais reservados - All rights reserved

TOM — SIb MAIOR

Bb F7 Bb

Introdução: *Bb F7 Bb*

Cm7 Eb/F F4/Eb D9+
Sabe, eu não faço fé mais na minha loucura,
G5+7 Cm7 Em5- A7 D7M
E digo eu não gosto de quem me arruina em pedaços,
Dm9 G/A Gb7 Dm7 F7M Gb13 F13 Bb7M
E Deus é quem sabe de ti e eu não mereço um beijo partido
Cm7 Eb/F F4 D9+
Hoje não passa de um dia perdido no tempo
G75+ Cm7 Cm7/Bb Em5- D7M
E fico longe de tudo que sei, não se fala mais nisso
Dm9 G Gb G13 Gb13 F13 A/Bb Bb7M Ab7
Eu sei, eu se - rei prá você e que não me importa saber.

Cm7 Eb/F F4 D9+ G7
Hoje não passa de um vaso quebrado no peito e grito

Orquestra: *Cm7 Cm Bb Em5- A7 D7M9 Dm9 G/A*

G Gb G13 G9 D/F# Em9
Olha o beijo partido, onde está a rainha,
Cm9 F11 Cm
Que a lucidez escondeu, escondeu, escondeu
Cm F11+ Cm7 F69
Que escondeu, que escondeu, etc.

Bolinha de Papel

Chôro

Geraldo Pereira

© Copyright 1986 by EDIÇÕES EUTERPE LTDA. - Rio de Janeiro - Brasil.
Todos os direitos autorais reservados - All rights reserved.

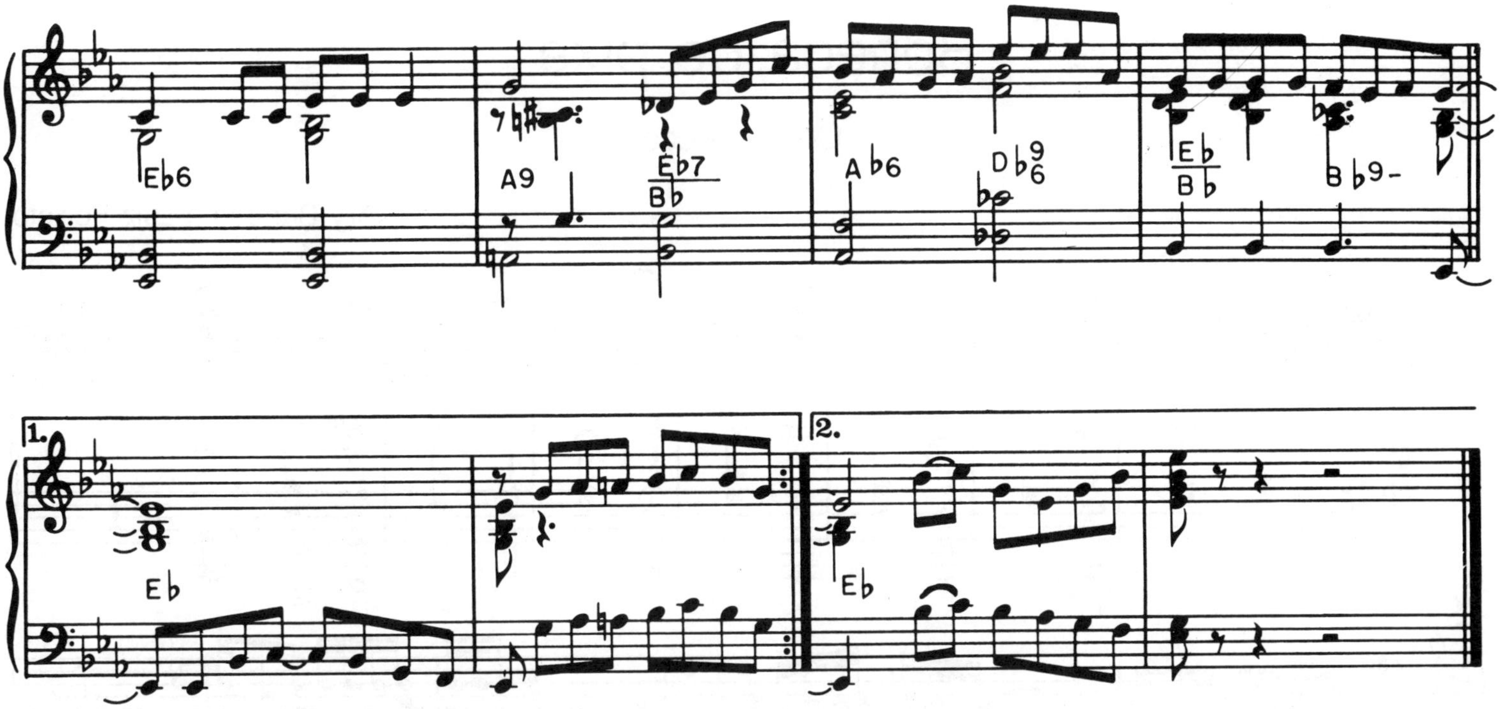

TOM — MIb MAIOR

Eb Bb7 Eb

Introdução: *F13 Fm7 Bb7 Eb Bbm7 Eb7 Ab7M C13 Bb7+ Eb*

Eb C9- F7
Só tenho medo de falseta
F13 Bb
Mas adoro a Julieta
Eb6
Como adoro o "Papai do Céu"
C7 Fm7
Quero seu amor, minha santinha
Eb7M/Bb A6/Bb
Mas só não quero que me faça
Eb Fm9 E13
De bolinha de papel.

Eb7M C7 F7
Tiro você do emprego

Dou-lhe amor e sossego
Bb7 Eb
Vou ao banco e tiro tudo

Prá você gastar
A9 Eb7 Ab6 Db69 Eb/Bb
Posso oh! Julieta lhe mostrar a caderneta
Bb7 Eb
Se você duvidar.

Boneca de pixe

Cena Carioca

Ary Barroso e Luiz Peixoto

© Copyright 1939 by IRMÃOS VITALE S/A. Ind. e Com. - São Paulo - Rio de Janeiro - Brasil
Todos os direitos autorais reservados para todos os países - All Rights Reserved

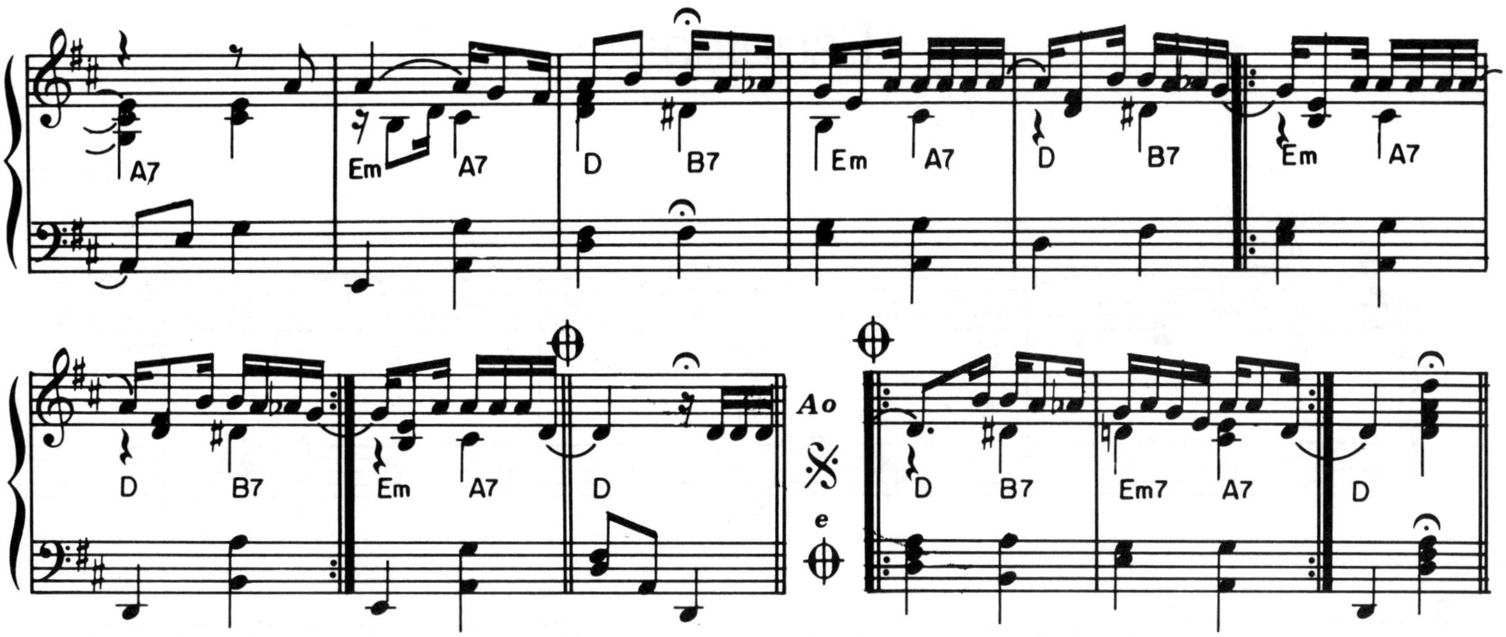

TOM — RÉ MAIOR
D A7 D

Introdução:
D Bm7 Em A7 D Em A7

ELE:
D Gm6 D
Venho danado com meus calo quente
G7M D G7M D
Quasi enforcado no meu colarinho
D7 G
Venho empurrando quasi toda gente.

ELA: Êh! Êh!

ELE:
A7 D
Prá vê meu benzinho
A7 D
Prá vê meu benzinho

ELA:
D Gm6 D
Nêgo tu veio quasi num arranco
G7M D G7M D
Cheio de dedo dentro desta luva
D7 G
Bem o ditado diz: Nêgo de branco.

ELE: Êh! Êh!

ELA:
A7 D
É sinal de chuva
A7 D
É sinal de chuva

ELE:
Bm Em Em B7 Em
Da cô do azeviche
A7 D7M
da jaboticaba
B7 Em A7 G A7
Boneca de Pixe
Em A7 D
É tu que me acaba
B7 Em
Sou preto e meu gosto
A7 D
Ninguém constesta
B7 Em
Mas há muito branco
A7 D
Com pinta na testa

ELA:
D Gm6 D
Tem português assim nas minhas água
G7M D G7M D
Que culpa eu tenho de sê boa mulata
D7 G
Nêgo si tu borrece as minhas magua.

ELE: Êh! Êh!

ELA:
A7 D
Eu te dô a lata
A7 D
Eu te dô a lata

ELE:
D Gm6 D
Não me farseia, ó muié canaia
G7M D G7M D
Se tu me engana vai havê banzé
D7 G
Eu te sapeco dois rabo de arraia.

ELA: Êh! Êh!

ELE:
A7 D
E te piso o pé
A7 D
E te piso o pé

ELA:
Bm Em Em B7 Em
Da cô do azeviche
A7 D7M Em A7 D7M
da jaboticaba
B7 Em A7 G A7
Boneca de Pixe
Em A7 D
Só tu que me acaba
B7 Em
Tu é preto e teu gosto
A7 D
Ninguém te contesta
B7 Em
Mas há muito branco
A7 D
Com pinta na testa.

Esquinas

Djavan

© Copyright 1984 by KENYA EDIÇÕES MUSICAIS LTDA.
Adm. por SBK SONGS DO BRASIL - Rio de Janeiro - Brasil
Todos os direitos autorais reservados - All rights reserved.

Am7
Em
Gm C7
C
Em
E
G#
Am9
Em
C
Em
Am7
Em
Am
Gm C7
F
C
Em
Em7
Dm
Dm
C
Bm7 4
E7 9-
Am7
Em

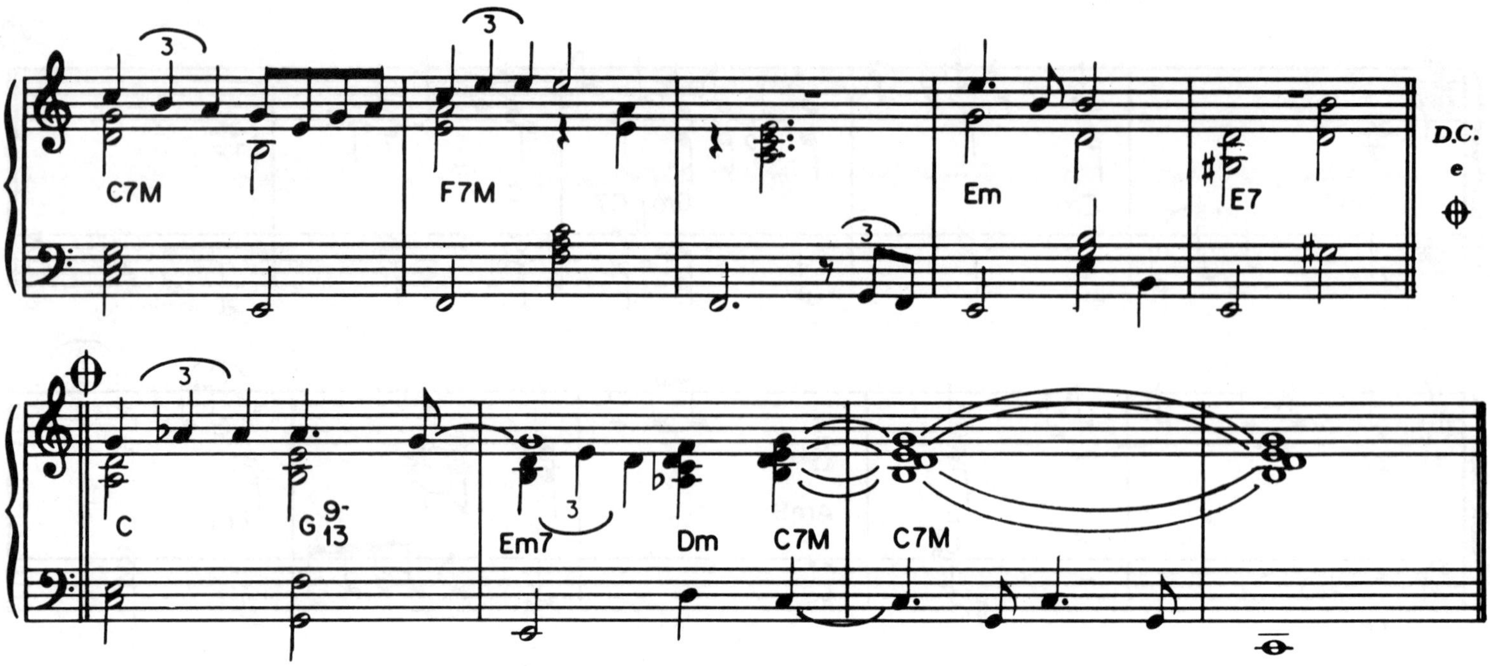

TOM — LÁ MENOR

Am E7 Am

Introdução: *Am E7 Am*

Am Am7
Só eu sei
Em C C7M
As esquinas por que passei

Só eu sei
Em7
Só eu sei
Am
Sabe lá
Em7
O que é não é ter

E ter que ter pra dar
F
Sabe lá
F/A Em
Sabe lá
Am Am7
E quem será
Em Gm
Nos arredores do amor
F/C C
Que vai saber separar
Em
Que o dia nasceu
Am Am7
Só eu sei
Em Gm C7
Os desertos que atravessei ei ei
C
Só eu sei
Em E/G#
Só eu sei
Am7
Sabe lá
Em
O que é morrer de sêde

Em frente ao mar

C Em
Sabe lá, sabe lá
Am7
E quem será
Em Am
Na correnteza do amor
Gm C7
Que vai saber se guiar
Em Em7
A nave em breve ao vento vaga
Dm Dm/C
De leve e trás toda a paz
Bm74 E79–
Que um dia o desejo levou
Am7
Só eu sei
Em F
As esquinas por que passei ei ei ei

Só eu sei
Em
Só eu sei

Foi Ela

Samba

Ary Barroso

© Copyright 1934 by IRMÃOS VITALE S/A. Ind. e Com. - São Paulo - Rio de Janeiro - Brasil
Todos os direitos autorais reservados para todos os países - All Rights Reserved

F♯m
Em7
A7
Dm
Gm7
Dm
B♭/C
C7
F7M
D9-
Gm7
C7
F
B♭7M
E7
F♯m7
Em7
A7
Dm
Am5-
D7
Gm7
C9
Gm7
A7

TOM - RÉ MENOR

Dm A7 Dm

Introdução: *Gm7 Em5– Dm7 Bb7M E7 A7 Dm Em5-A7 Dm*

D7 Gm7 C7 Gm7
Quem quebrou meu violão de estimação?
C7 F Bb7M
Foi ela!
F7M Bm5– E7 F#m7 Em7
Quem fez do meu coração seu barracão?
A7 Dm7 Gm7
Foi ela
Dm Bb/C C7 F7M D9– Gm7
E depois me abandonou, ô ô ô ô
C7 F Bb7M
Minha casa se despovoou
E7 F#m7 Em7
Quem me fez tão infeliz, só porque quiz,
A7 Dm Am5– D7 Gm7
Foi ela!

C7 Gm7 A7
Foi um sonho que findou, ô ô
Dm A7 Dm Gm7
Um romance que acabou, ô ô
Dm Bb7M E7 F#m7 Em
Quem fingiu gostar de mim até o fim?
A7 Dm Em5– A7 Dm
Foi ela!

Juventude Transviada

Samba-Canção

Luiz Melodia

© Copyright 1975 by EDITORA MUSICAL BALAIO Ltda.
© Copyright 1988 by SIGEM-SISTEMA GLOBO DE EDIÇÕES MUSICAIS LTDA. - Rio de Janeiro - Brasil.
Todos os direitos autorais reservados para todos os países - All rights reserved.

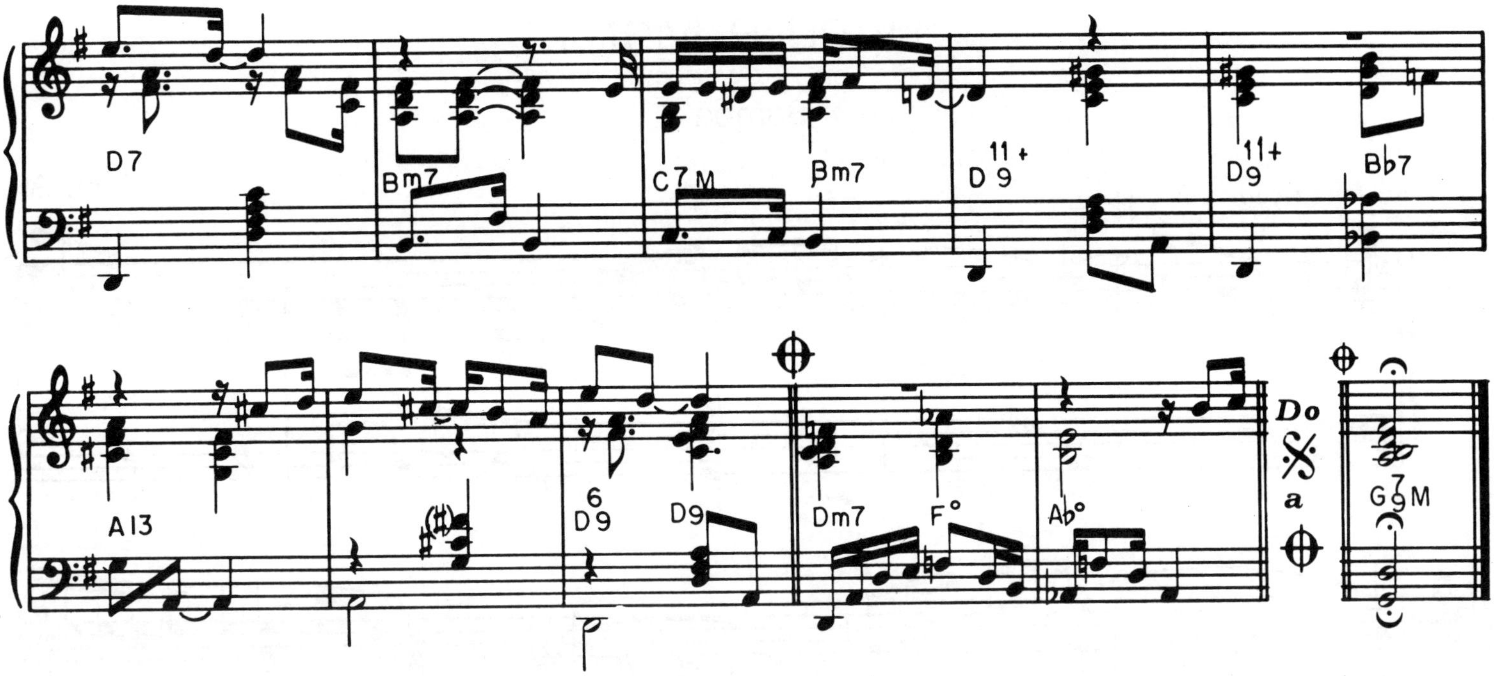

TOM — SOL MAIOR

G D7 G —

Introdução: *D° F° Ab*

B° Am7 Am7 Eb9
Lava roupa todo o dia, que agonía
D7 D9 G7M G69
Na quebrada da soleira que chovia
C7M A#° Bm7
Até sonhar de madrugada
E7 Am7
Uma moça sem mancada,
D79 G7M Bm7
Uma mulher não pode vacilar.
E9- B° Am7 Am7 Eb9
Eu entendo a juventude transviada
D7 D9 G7M G69
Na quebrada da soleira que chovia
C7M A#° Bm7
Até sonhar de madrugada
E7 Am7
Uma moça sem mancada
D79 G7M Eb9
Uma mulher não pode vacilar.
E9- B° Am7 Am7
Cada cara representa uma mentira
D7 D9 G7M G69
Nascimento, vida e morte, quem diría,
C7M A#° Bm7
Até sonhar de madrugada
E7 Bm7
Uma moça sem mancada
D79 G7M
Uma mulher não pode vacilar.
C7M Bm7 D911+
Hoje pode transformar
A7 A7 D7 Bm7
E o que diria a juventude
C7M BM7 D911 + Bb7
Um dia você vai chorar
A13 D69 D9 Dm7 F° Ab°
Vejo claras fantazias.

Céu e Mar

Samba

Johnny Alf

© Copyright 1961 by IRMÃOS VITALE S/A. Ind. e Com. - São Paulo - Rio de Janeiro - Brasil
Todos os direitos autorais reservados para todos os países - All Rights Reserved

B♭7M
E♭7
A♭7M 6
D♭7
G♭7M 9
1.
2.
Dm7
Gm7 9
C9 7
Gm7 C7
F
F9 6 D
Bm7
E7
Am9
Am6
Bm7 Bm7 5-
E7 E9-
Am7
3
Am6
Am7
A♭7
Gm7
Gm6
Am7 Am7 5-
D9-
Gm7
3
C7
F7 4
3

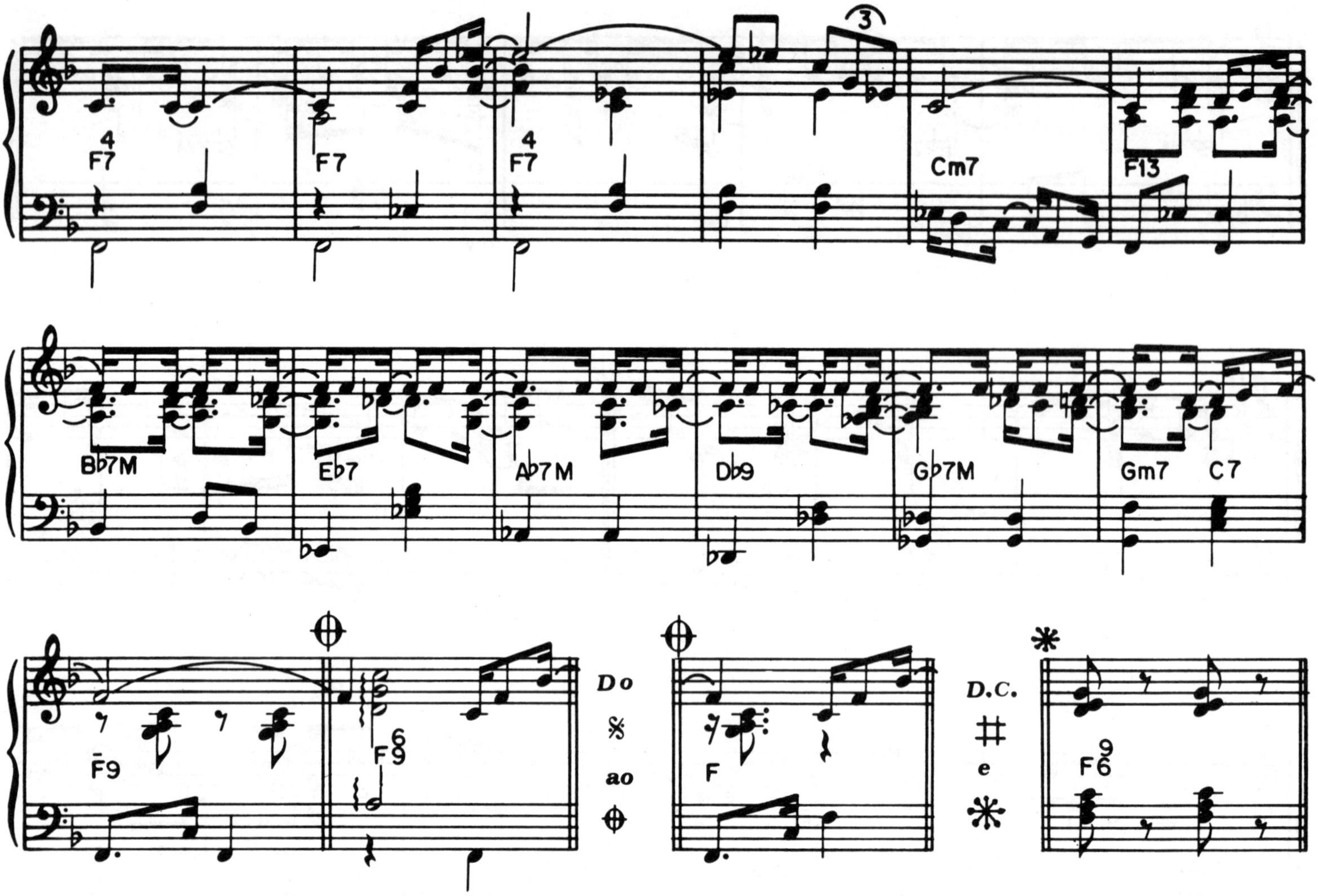

TOM — FÁ MAIOR

F C7 F

Introdução: *Ab13 Db7M C9 F F Bb F/G F#° Gm7 C7 F*

F47 F47
Céu e mar, estrelas na areia
F47 Cm7 F47
Verde mar, espelho do céu.
F13 Eb7M Eb7
Minha vida é uma ilha
AB674 Db7 Gb7M9
Bem distante flutuando no oceano
Dm7 Gm79 C79
Da ventura de viver!
F47
Céu e mar,
F47
Estrelas na areia!
F47 Cm7 F47
Verde mar, espelho do céu
F13 Bb7M Eb7 Ab7M
Meus desejos são estrelas pequeninas,
Db7 Gb7M9
Rebrilhando de alegria
Gm7 F
Por alguém que me quer bem.

Bm7 E7 Am9 Am6
Geralmente o que a gente quer na vida
Bm7 Bm5 – 7
É preciso se esperar
E7 E9 – Am6
Prá acontecer!
Am7 Ab7 Gm7 Gm6
Felizmente a gente encontra alegria
Am7 Am5 – 7 D9 –
No caminho e devo - ção
Gm7
De um bem querer.
F47 F47 F7
Céu e mar, estrelas, na areia,
F47 Cm7 F13
Verde mar, estrelas no céu.
Bb7m Eb7
Minha vida vou passando
Ab7M Db9
Meu amor eu vou amando,
Gb7M Gm7 C7 F9 F69
E meu barco vou levando céu e mar...

MAMÃE

Valsa

Herivelto Martins e David Nasser

© Copyright 1956 by IRMÃOS VITALE S/A. Ind. e Com. - São Paulo - Rio de Janeiro - Brasil
Todos os direitos autorais reservados para todos os países - All Rights Reserved

D9-
G7M
C7M
G7M
Em
A7
Am7
D7
G
G
C7M
G
C7M
Bm7
C7
G7M
Am4
G7M
C7M
Bm4
E7
Am
E9-
Am
E9-
Am
C9
Am
D
D7
G
D13
G7M

TOM — SOL MAIOR
G D7 G

Introdução: *C Cm6 G7M Em A7 D7 G*

G A#º G C7
Ela é a dona de tudo,
Bm7 Em Am7 E7
Ela é a rainha do lar,
Am C/D Am
Ela vale mais para mim
D7 D9– G7M
Que o céu, que a terra, que o mar.
Bm5– E7 Am
Ela é a palavra mais linda
Cm D9– G7M
Que um dia o poeta escreveu
C7M G7M Em7 A7
Ela é o tesouro que o pobre
Am7 D7 G
Das mãos do Senhor recebeu.

G C7M G
Mamãe, mamãe, mamãe,
C7M Bm7 C7 G7M Am4
Tu és a razão dos meus dias
G7M C7 Bm4
Tu és feita de amor, de esperança
E7 Am E9– Am
Ai, ai, ai, mamãe
E9– Am
Eu cresci o caminho perdi,
C7 Am/D D7 G7M
Volto a ti e me sinto criança
D713 G7M C7M G7M C G
Mamãe, mamãe, mamãe,
Bm5– E7
Eu te lembro, o chinelo na mão,
Dm/F E7 Am
O avental todo sujo de ovo...
C/D D7 Bm7 Em7
Se eu pudesse, eu queria outra vez mamãe...
A7 D7 G
Começar tudo, tudo de novo.

Canção da América

(Unecounter)

Milton Nascimento e Fernando Brant

© Copyright 1979 by TRÊS PONTAS EDIÇÕES MUSICAIS LTDA.
SBK SONGS DO BRASIL EDIÇÕES MUSICAIS LTDA. - Rio de Janeiro - Brasil
Todos os direitos autorais reservados - All rights reserved

C C7 Gm7 C7 F Dm
C Dm7 C F B♭ C
B♭ C7 F Gm7 C7 F
Dm7 G7 Gm7 C7 Gm7
C Gm7 C7 F Dm B♭6 C7 B♭/C
F A7 Dm7 G7 Gm7 F7M

TOM — FÁ MAIOR

F C7 F

Introdução: *Bb C*
D E

Dm7 G/E
Amigo é coisa prá se guardar
F/A C/E
Debaixo de sete chaves
Bb/D C4 F
Dentro do co - ração
Gm C7
Assim falava a canção
F
Que na América ouvi
Dm7 G7
Mas quem cantava chorou
Gm7
Ao ver seu amigo partir
C7 Gm7 C7
Mas quem ficou no pensamento voou
F Dm C
Com seu canto que o outro lembrou
C7 Gm7 C7
E quem voou no pensamento ficou
F Dm C
Com a lembrança que o outro cantou.

Dm7 C
Amigo é coisa prá se guardar
F Bb C
No lado esquerdo do peito
Bb C7 F
Mesmo que o tempo e a distância
Gm7
Digam não
C7 F
Mesmo esquecendo a canção
Dm7
E o que importa é ouvir
G7 Gm7 C7
A voz que vem do cora - ção
Gm7 C
Pois seja o que vier
Gm7 C9 F
Venha o que vier
Dm Bb6 C7 F A7
Qualquer dia amigo, eu volto a te encontrar
Dm G7 Gm7 F7M
Qualquer dia, amigo, a gente vai se encontrar.

Gm7 C
Seja o que vier
Gm7 C9 F
Venha o que vier
Dm Bb6 C7 Bb/c F A7
Qualquer dia, amigo, eu volto a te encontrar
Dm G7 Gm7 F7M
Qualquer dia, amigo, a gente vai se encontrar.

Casa no Campo

Música e Letra de Zé Rodrix e Tavito

© Copyright 1971 by EDITORA MUSICAL BALAIO LTDA.
© Copyright 1988 by SIGEM - Sistema Globo de Edições Musicais Ltda.
Todos os direitos autorais reservados - All rights reserved.

G Em Bm B7 C
F Bb G Em
Em7 A9 B7 Em Gm6 A4 7
A7 D Bm7 G Fdim
D Em D C G A4 7 A7
Solo Piano
G D G D
Voz

TOM — RÉ MAIOR
D A7 D

Introdução: *C G7 F C A7 D*

D
Eu quero uma casa no campo
G Em7 B7 C
Onde eu possa compôr muitos rocks rurais
C
E tenha somente a certeza
F Bb D74
Dos amigos do peito e nada mais.

D
Eu quero uma casa no campo
G Em Bm B7
Onde eu possa ficar do tamanho da paz,
C
E tenha sómente a certeza
F Bb G
Dos limites do corpo e nada mais.

Em Em7
Eu quero carneiros e cabras
A7 B7
Pastando solenes no meu jardim
Em Gm6 A74
Eu quero o silêncio das línguas cansadas
A7 D Bm7 G
Eu quero a esperança de óculos
F°
E o filho de cuca legal,
D Em D C
Eu quero plantar e colher com a mão,
G A7 G D G D
A pimenta e o sal.

D
Eu quero uma casa de campo
G Em
Do tamanho ideal, páu a pique e sapê
Em7 F11+ G#°
Onde eu possa plantar meus amigos
A7 D
Meus discos e livros
G D
E nada mais.

Sangrando

Lento

Música e Letra de Gonzaga Júnior

© Copyright 1980 by EDIÇÕES MUSICAIS MOLEQUE LTDA. DA.
SBK SONGS DO BRASIL EDIÇÕES MUSICAIS LTDA. - Rio de Janeiro - Brasil
Todos os direitos autorais reservados - All rights reserved

TOM — RÉ MAIOR

D A7 D

Introdução: *Bm7 Em7 F#7*

Gm Bm7
Quando eu soltar a minha voz
Em7
Por favor, entenda
A7 G/A
Que, palavra por palavra
A9
Eis aqui uma pessoa
D D7M
Se entregando
D7
Coração na boca, peito aberto
G
Vou sangrando
E7
São as lutas desta nossa vida
A9 A7
Que eu estou cantando
Bm Bm7
Quando eu abrir minha garganta
Em7
Esta força tanta
A7/C#
Tudo que você ouvir,
A7
Esteja certa
D
Que estarei vivendo

C/D
Veja o brilho dos meus olhos
D9 G
E o tremor nas minhas mãos
E7 E7
E o meu corpo tão suado
A4 A7
Transbordando toda raça e emoção.
D
E se eu chorar
D5+ F#m7
E o sol molhar o meu sorriso,
Em7
Não se espante,

Cante,
G/A Dm Em
Que o teu canto é a minha força prá cantar
A7 D/A D5+ F#m7
Quando eu soltar a minha voz
G
Por favor entenda,
Em7 G/A
É apenas o meu jeito de viver
A7 D A7
O que é amar.

Como vai Você

Antonio Marcos e Mário Marcos

© Copyright —— by EDITORA MUSICAL BMG ARABELLA LTDA. - Rio de Janeiro - Brasil
Todos os direitos autorais reservados - All rights reserved

TOM — SIb MAIOR
Bb F7 Bb

Introdução: F4 F7 Bb F7

Bb
Como vai você
Gm Dm
Eu preciso saber da sua vida
Fm7 Bb7 Eb
Paixão da minha paz tão esquecida
Ebm7 F4
Não sei se gosto mais de mim

Ou de você.
F7 Bb
Como vai você
Gm Dm
Que já modificou a minha vida
Fm7 Bb7 Eb
Peço alguém pra me contar sobre os seus dias
Ebm F4
Anoiteceu e eu preciso só saber
F7 Bb
Como vai você
Gm Dm
Vem, que a sêde de te amar me faz melhor
Fm Bb7 Eb
Eu quero amanhecer ao teu redor,
Ebm F4
Preciso tanto te fazer feliz,
F7 Bb Gm
Vem que o tempo pode afastar nós dois
Gm Eb
Não deixe tanta vida pra depois,
Cm
Eu só preciso saber
F7 Bb Dm7 Cm7 F4 F7 Bb
Como vai você.

Casinha da Marambaia

Samba-Chôro

Letra e Música de
Henricão e Rubens Campos

© Copyright 1944 by IRMÃOS VITALE S/A. Ind. e Com. - São Paulo - Rio de Janeiro - Brasil
Todos os direitos autorais reservados para todos os países - All Rights Reserved

TOM — DÓ MAIOR

C G7 C

Introdução: *Dm D#° C/E A7 D7 G7 C7 F6 F#° C/G A7 D7 G7 C*

C Dm7
Nossa casinha lá na Marambaia
G7 C
A mais bonita da praia se desmoronou
C Dm
E a trepadeira brinco de princesa
G7 Em7
Ficou triste e amarela e depois secou
G7 C C7M Dm7
E a varanda vive em abandono
E7 Gm/Bb
É um destroço sem dono numa solidão
A7 Dm/C D#dm C
Até você que parecia ser sincera
A7 Dm G7 C
Sem motivo abandonou meu pobre coração

Am7 Em7
O sabiá também mudou seu ninho
A7 Dm7 Bb7
Eu já não ouço a sua canção
A7 Dm7 G7 C
As andorinhas foram em revoadas
A7 D7 G7
Quebraram-se as cordas do meu violão
Am7 Em7
Pois há quem diga que isso é desumano
Dm7 Gm7 Bb7
Eu não mereço tanta ingratidão
A7 Dm7 G7 C
Quero que volte como antigamente
Am D7 G7 C
Para dar sossêgo ao meu coração

Como uma Onda

Balada

Lulú Santos e Nelson Motta

© Copyright — by VELVET PROMOÇÕES E PRODUÇÕES LTDA.
Todos os direitos autorais reservados - All rights reserved.

TOM — SOL MAIOR

G D7 G

Introdução: *G D7 G*

G
Nada do que foi será
Bm7 G
De novo do jeito que já foi um dia
Bm7
Tudo passa
Bb° Am7 E7 Am
Tudo sempre passará
G#° Am Am9 E9- D913
A vida vem em ondas como o mar
A13 A13 Am7 C7M
Num indo e vindo infinito
D913 G G7M
Tudo o que se vê,
Bm7
Não é igual ao que a gente viu,

G
Há um segundo
Bm7 C#m5- Cm6 B° E7
Tudo muda o tempo todo no mun -- do
Eb Cm7
Não adianta fingir,
Cm6 G E7
Nem mentir para si mesmo,
Am Eb Cm7 Bm7
Agora há tanta vida lá fora
E79-
Aqui dentro,
Am Am7
Sempre
Eb F4 G
Como uma onda no mar,
Eb F G
Como uma onda no mar,
Eb F G9
Como uma onda no mar.

Garoto Maroto

Samba-Chôro

Marcos Paiva e Franco

© Copyright 1986 by Editora Musical B.M.G. ARABELLA LTDA. - São Paulo - Brasil
Todos os direitos autorais reservados - All rights reserved

Bb7 Bb13 Eb7M Ab7M Dm5- G7
C6/9 D9 Ab7/11+ G13 C6/9 Eb°
Dm7 A5+ Dm7 F/G G13/7
C9/7M Eb° Dm7 G7 C/E C6/9 Eb° Dm7
G7 Dm Dm/C F/G G7 1. Em7 Eb°
Dm7 G7 2. Cm Gm5- C9-
ao
e
Fm9 Gm7Ab7M C9/7M

TOM - DÓ MENOR
Cm G7 Cm

Introdução: *Fm Fm G7 Cm Ab7M Fm7 Dm7 G7 Cm7 Gm5 – Ab*

```
        C9-          Fm7
    Você faz de conta
 Bb7                       Eb7M
    Que quer meu perdão
Ab7M                 Fm7
    Mais depois apronta
 Bb7                Eb7m
    No meu coração.
 Cm7          Cm9   Fm9   Bb13                   Eb7M
    Desarruma tudo,        fazendo arruaça
                      Dm5-
    Me põe quase louca
                  G7
    De tanta pirraça
                  Gm5-                      C7
    Com os carinhos que dá sem favor,
                 Fm7
    Tira meu escudo
 Bb7       Bb13      Eb7M
    Me põe indefeza
Ab7M                 Dm5-                    G7
    Me deixa acessa, com água na boca
                     Cb9   D9   Ab711+   G13
    Carente de amor.


          Cb9              Eb°
    Garoto maroto travêsso,
 A5+                Dm7
    No jeito de amar,
               Dm7                          F/G
    Faz de mim, seu pequeno brinquedo
             G7            C7M9
    Querendo brincar.
 Eb°       Dm7
    Garoto,
  G7           C/E                   Cb9        Eb°
    Vem amor, vem mostrar o caminho
                     Dm7
    Da doce ilusão,
  G7            Dm        F/G
    Só pode ser a criança
             G7          Em7
    Do meu coração.
  Eb°      Dm7
    Garoto,
  G7       Cb9                Eb°
    Garoto maroto, travêsso,
                       Dm7
    No jeito de amar
  A+             Dm                          F/G
    Faz de mim, seu pequeno brinquedo
             G7            Fm9 Gm7 Ab7M C7M9
    Querendo brincar.
```

Camisa Amarela

Samba

Ary Barroso

© Copyright 1939 by IRMÃOS VITALE S/A. Ind. e Com. - São Paulo - Rio de Janeiro - Brasil
Todos os direitos autorais reservados para todos os países - All Rights Reserved

Cm7
F7
Fm7
Bb7
Eb6/9
Eb7
Ab
C9-
Fm7
F#dim
Eb/G
C7
F 7
Bb7
Eb
F#dim
Fm7
Bb7
ao
𝄋
e
⊕
Eb
Do
#
ao
Eb

TOM — MIb MAIOR
Eb Bb7 Eb

Introdução: *A° Gm7 C9– F7 Bb7 Eb F#° Fm7 Bb7*

Bb7 Eb7M Gm7 Gb° Fm Bb7
Encontrei o meu pedaço na Avenida de camisa amarela
Fm7 Bb7 Fm7 Bb7 Fm7 Bb7 Eb B13
Cantando a Florisbela, oi, a Florisbela
EbM Gb°
Convidei-o a voltar prá casa em minha companhia
Dm7 Db° Cm7
Exibiu-me um sorriso de ironia
F7 Fm7 Bb7
Desapareceu no turbilhão da Galeri——a
Eb^6_9
Não estava muito bom
Eb7 AbM
O meu pedaço na verdade estava bem mamado

Bem chumbado

Atravessado
C9–
Foi por aí cambaleando

Se acabando
Fm7
Num cordão

Com um reco-reco na mão
F#° Eb
Mais tarde o encontrei num café zurrapa
C7
Do Largo da Lapa
F7
Folião de raça
Bb7 Eb F#° Fm7 Bb7
Bebendo o quinto copo de cachaça.

Bb7 Eb7 Gm7 Gb° Bb7
Voltou às sete horas da manhã, mas só na quarta feira
Fm7 Bb7 Fm7 Bb7 Fm7 Bb7 Eb B13
Cantando a Jardineira, oi, a Jardineira
EbM Gb Fm
Me pediu ainda zonzo um copo d'água com bicarbonato
Dm7 Db° Cm7
Meu pedaço estava ruim de fato
F7 Fm7 Bb7
Pois caiu na cama e não tirou nem o sapa——to
Eb^6_9
E roncou uma semana
Eb7 AbM
Despertou mal humorado quiz brigar comigo

Que perigo!

Mas não ligo
C9–
O meu pedaço me domina

Me fascina
Fm7
Ele é o "tal"

Por isso não levo à mal
F#° Eb
Pegou a camisa amarela
C7
Botou fogo nela
F7
Gosto dele assim
Bb7 Eb
Passou a brincadeira êle é prá mim!

A Voz do Morro

Samba

Zé Keti

© Copyright 1955 by COOPERATIVA DE AUTORES MUSICAIS/FERMATA DO BRASIL LTDA.
Todos os direitos autorais reservados - All rights reserved.

Gm6
Bbm6
C7
F7 9M
Bb/C
C7
C/Bb
Am7
Ab°
Gm7
C7
F
Ab°
F
G7
C7
Am7
Dm7
Gm7
C7
F
D9-
Ao
e

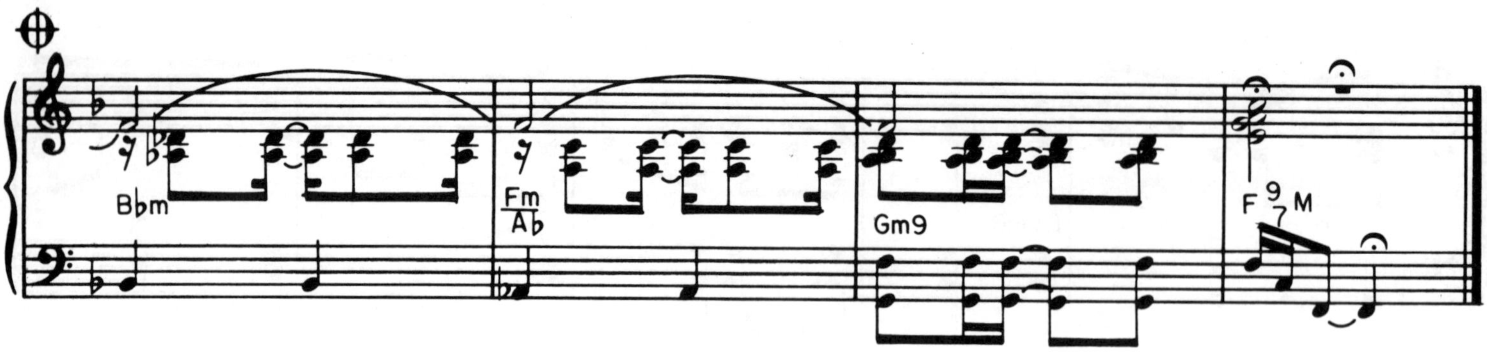

TOM — FÁ MAIOR

F C7 F

Introdução: Bb7M Gm C9- Am7 Dm7 Gm7 C9 F

D9- G7
Eu sou o samba
Gm7 C9
A voz do morro
F7M Bb7
Sou eu mesmo sim senhor
F6/9 Dm7 Gm7
Quero mostrar ao mundo
Que tenho valor
C7 F7M
Eu sou o rei dos terreiros
D9- G7
Eu sou o samba
Gm7 C9 F7M Bb7
Sou natural daqui do Rio de Janeiro
F6/9 Dm7 Gm7
Sou eu quem leva a alegria
Gm6 Bbm6 C7 F7M/6
Para milhões de corações brasileiros.

Bb
Mais um samba
C7 C/Bb Am7
Queremos samba
Ab° Gm7
Quem está pedindo
C7 F Ab° F
É a voz do povo do país
G7 C7 Am7
Viva o samba vamos cantando
Dm7 Gm7 C7 F Bbm7 Fm/Ab Gm9 F7M/9
Esta melodia pro Brasil feliz.

Antonico

Samba

Ismael Silva

© Copyright 1950 by MANGIONE & FILHOS COMP. LTDA.,
Todos os direitos autorais reservados para todos os países - All rights reserved.

Dm7 Bm5- E7 Am Dm/F
E7 Am 1. Am7 E7 2. Am7 Am7
Am7 Am7/G Dm Bm5- E7
Am Bm7 Dm/E Am F♯m7 B7 Em
F♯m B7 Bm5- E7
Do 𝄋 ao ⊕

TOM — LÁ MENOR
Am E7 Am

Introdução: *Am Dm Bm5- E7 Am7*

Am Dm
Ó Antonico, vou lhe pedir um favor
Bm5- E7 Am7
Que só depende da sua boa vontade,
Bm7 E7 Am F#m5- Em
É necessário uma viração pró Nestor
F#m5- B7 Dm Bm5-
Que está vivendo em grande dificuldade.

E7 Am Dm
Ele está mesmo dançando na corda bamba,
E7 Em5-
Ele é aquele que na escola de samba
A7 Dm7 Bm5- E7 Am
Toca cuica, toca surdo e tamborim,
Dm/F E7 Am Am7
Faça por ele como se fosse por mim.

E7 Am Dm
Até moamba já fizeram pró rapaz,
Bm5- E7 Am7
Porque no samba ninguém faz o que ele faz
Bm7 E7 Am F#m5- Em
Mas hei de vê- lo muito bem se Deus quizer,
F#m5- B7 Dm Bm5-
E agradeço pelo que você fizer.

E7 Am Dm
Ele está mesmo dançando na corda bamba,
E7 Em5-
Ele é aquele que na escola de samba
A7 Dm Bm5- E7
Toca cuica, toca surdo e tamborim,
Dm E7 Am
Faça por ele como se fosse por mim.

(Repetindo Sempre)

Ave Maria

Dunshee de Abrantes

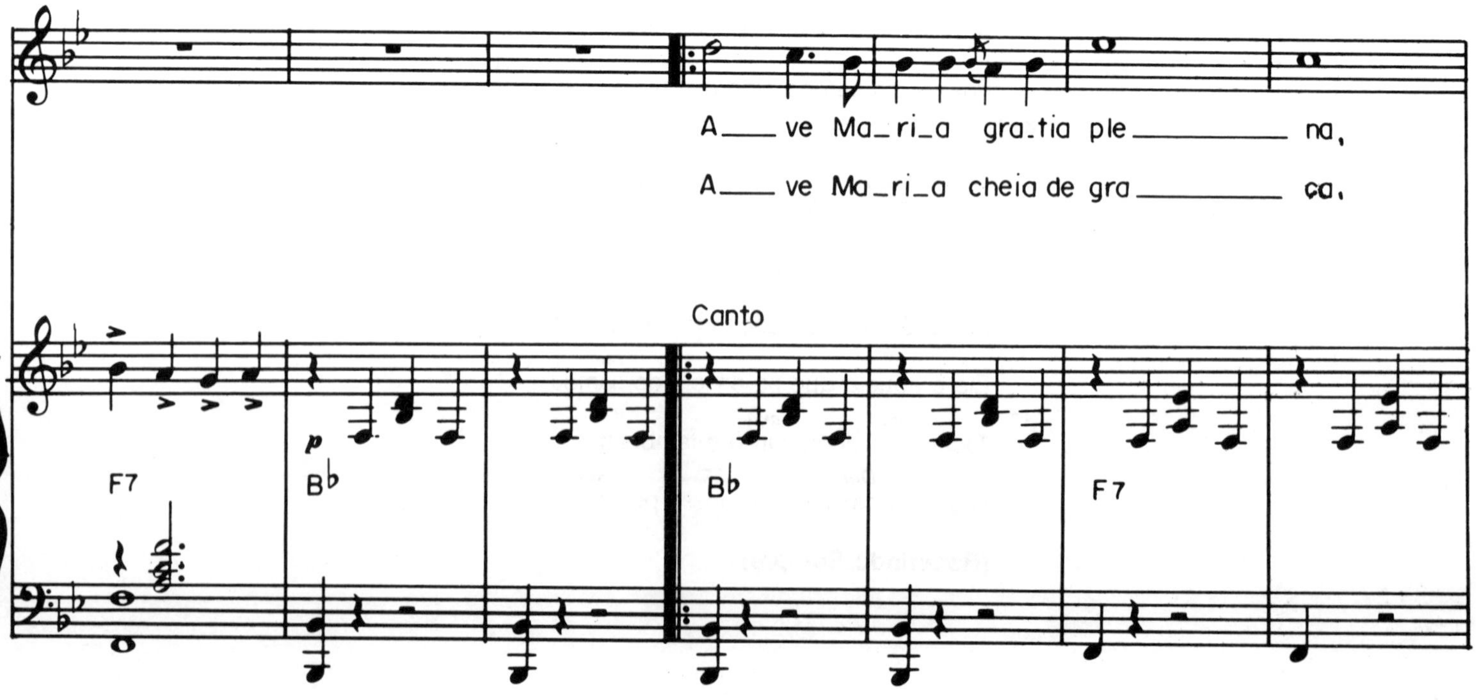

© Copyright 1955 by IRMÃOS VITALE S/A. Ind. e Com. - São Paulo - Rio de Janeiro - Brasil
Todos os direitos autorais reservados para todos os países - All Rights Reserved

Do_mi_nus te_cum be_ne_dic_ta_tu Be_ne_dic_ta_tu_in mu_li_
O Se_nhor se_ja con_vos_co Ben_di_ta sois en_tr'as mu
B♭
cresc.
e_ri_bus Et Be_ne_dic_tus fructus ventris tui Je_sus_sus.
lhe_res Ben_di_to é o fruto de vosso ventre Je_sus_sus.
1
2
f
E♭
B♭/F dim.
F7
B♭
p
B♭
San_cta Ma_ri_a Ma_ter Dei_O_ra pro
San_ta Ma_ria_a Mãe de Deus_Ro_gai por
p
B♭7
E♭m/B♭
B♭
p

cresc.
dim.
cresc.
no bis Pec_ca to_ri_bus nunc e in ho_ra_da
nós Pe_ca do_res, A go ra e na ho ra
E♭m
B♭
cresc.
B♭
p
cresc.
f
dim.
mor tis nos_træ A_mén
nos sa mor_te A_mén
f
dim.
p
cresc.
dim.
E♭m
FIM
B♭
D
pp
cresc.
E♭m
dim.
B♭
D
pp
FIM

Dentro de mim mora um Anjo

Samba Pop

Sueli Costa e Cacaso

© Copyright 1975 by EDITORA MUSICAL BALAIO LTDA.
© Copyright 1988 by SIGEM - Sistema Globo de Edições Musicais Ltda.
Todos os direitos autorais reservados - All rights reserved.

Dm7 Dm9
B♭7M 9
B♭/C C13
F7M
Dm
Dm7M
Dm7
Dm7M Dm7
G7/B♮
B♭7M
Gm7
B♮m9
E11+
G/A A9-
Dm Dm4
B♭7M
C7
F7M
3
Ao 𝄋 e 𝄌
E11+
E♭9 7M
D7
D♭7M
Em5- A7
Dm
D.C e Fim

TOM — FÁ MAIOR

F C7 F

Introdução: *Gm Bb/C F7M9 Gm7 C7 F7M Bb7M A11+*

```
Dm
   Quem me vê assim cantando
Gm7          C13        F7M
   Não sabe nada de mim
Em5–          A5+              Dm
   Dentro de mim mora um anjo
Dm7M                    Dm7
   Que tem a boca pintada
Dm6                           Am5–
   Que tem as unhas pintadas
D9–                        Gm7M
   Que tem as asas pintadas
Gm7                        Bm9
   Que passa horas a fio
            Em13            Em5–  A5+
   No espelho do toucador
Dm7               Dm9               Bb7M9
   Dentro de mim mora um anjo
Bb/C              C13         F7M
   Que me sufoca de amor
Dm                                 Dm7M
   Dentro de mim mora um anjo
Dm7                           DM7M   Dm7
   Montado sobre um cavalo
G7/B                          Bb7M
   Que ele sangra de esporas
Gm7                           Bm9
   Ele é meu lado de dentro
     E11+                  G/A        A9–
   Eu sou seu lado de fora
   Dm               Dm4      Bb7M
   Quem me vê assim cantando
C7                            F7M
   Não sabe nada de mim
Em5–            A5+              Dm
   Dentro de mim mora um anjo
Dm7M                          Dm7
   Que arrasta suas medalhas
Dm6                     Em5–
   E que batuca pandeiro
D9–                                     Gm7M
   Que me prendeu em seus braços
Gm9                           Bm9
   Mas que é meu prisioneiro
     E11+               Eb7M9
   Acho que é colombina
     D7                 Db7M
   Acho que é bailarina
   Em5–         A7      Dm
   Acho que é brasileiro
```

Lapinha

Baden Powell e Paulo César Pinheiro

© Copyright 1969 by EDIÇÕES INTERSONG LTDA. - Rio de Janeiro - Brasil
Todos os direitos autorais reservados - All rights reserved

Fm
G 9- 5+
Cm
G9-
C 7 5+
C 9- 5+
Fm
Fm7
G9-
Dbm6
C7
Cm7
F7
Bbm7
Eb9
Ab7M
Db7M
Gm5-
C7
Cm5-
F7
Bbm7

Eb9
Ab7M
Db7M
Bbm7
Db7M
Db9
C7
F
Ao
F
F6/9
Bb7M
C7
F6/9
Bb7M
C13
F6/9
Dm7
G7
C7
F6/9
Dm7
G7
C7
F 6
F7

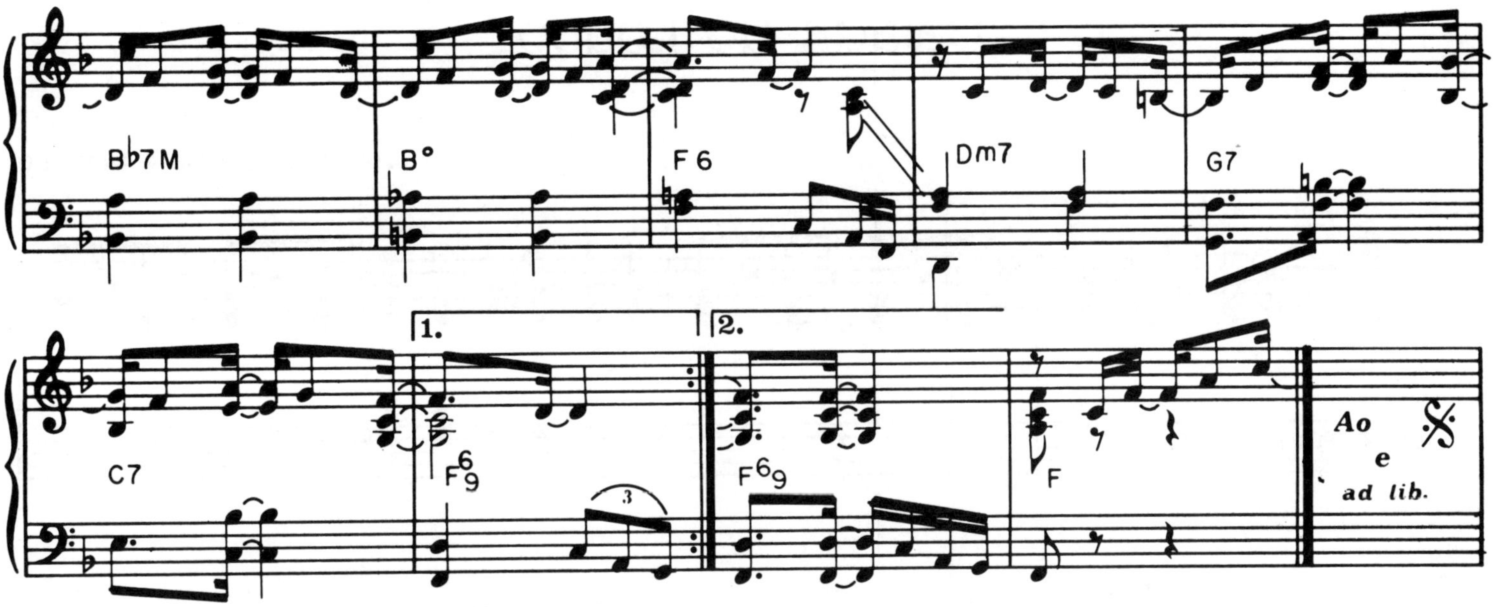

TOM — FÁ MAIOR

F C7 F

Introdução: *Dm7 G7 C7 F9 C5+*

Bis:

F69
Quando eu morrer
C13 F69
Me enterrem na Lapinha

Bis:

Dm7 G7 C7
Calça - Culote Paletó
F
Almofadinha

C5+ Fm7 G9—
Vai, meu lamento vai contar
Dm6 C5+ Fm7 Gm7
Toda tristeza de viver
C7 Fm G9 Gm
Ai, a verdade sempre dói
G9
E às vezes traz
C5+7 C5+9
Um mal a mais
Fm G9—
Ai, só me fêz dilacerar
Dbm6 C7 Cm7 F7
Ver tanta gente se entregar
Bbm7 E69 Ab7
Mas não me conformei
Db7M Gm5—
Indo contra a lei
C7 Cm5— F7
Sei que não me arrependi
Bbm7 Eb9 Ab7M
Tenho, um pedido só
Db7M Bbm7
Último talvez,
Db7M Db9 C7
Antes de partir.

(Estribilho)

F69
(Quando eu morrer, etc.)

Fm7 G9—
Sái, minha mágoa, sái de mim
Dbm6 C5+ Fm7 Gm7
Há tanto coração ruim
C7 Fm C5+ Cm
Ai, é tão desesperador
C9—
O amor perder
C5+ C5+9
Pro desamor
Fm G9—
Ah! tanto erro vi, lutei
Dbm6 C7 Cm7 F7
E como perdedor gritei
Bbm7 Eb9 Ab7M
Que eu sou um homem só
Db7M Gm5—
Sem poder mudar
C7 Cm5— F7
Nunca mais vou lastimar
Bbm7 Eb9 AbM
Tenho um pedido só
Db7M Bbm7 Db7M Db9 C7
Último, talvez antes de partir.

Estribilho

F69
(Quando eu morrer, etc.)

Bis:

Dm7 G7 C7
Adeus Bahía, zum, zum, zum,
F69
Cordão de ouro
Dm7 G7
Eu vou partir porque
C7 F69
Mataram meu tesouro!

(Estribilho)

F69
(Quando eu morrer, etc.)

Balada do Louco

Arnaldo Baptista e Rita Lee

© Copyright 1972 by EDIÇÕES INTERSONG LTDA. - Rio de Janeiro - Brasil
Todos os direitos autorais reservados - All rights reserved

TOM — DÓ MAIOR

C G7 C

Introdução: *G#°*

G#° *C* *G9* *C*
Dizem que eu sou louco, por pensar assim
G#° *C* *Dm* *G7* *Am*
Se eu sou muito louco, por eu ser feliz
F#m5- *F7M* *C* *F* *FG* *C*
Mais louco é quem me diz, e não é feliz, não é feliz.

G#° *C* *G9-* *Am*
Se eles são bonitos, sou Alan Delon
G#° *C* *Dm* *C*
Se eles são famosos, sou Napoleão,
F#m5- *F7M* *C F* *G* *C*
Mais louco é quem me diz, e não é feliz, não é feliz.

Bb *F* *C7* *F*
Eu juro que é melhor, não ser normal,
C7 *D/F#* *G*
Se eu posso pensar que Deus sou eu,
G#° *C* *Dm5-* *G7* *C*
Se eles têm três carros, eu posso voar,
G#° *C* *Dm* *Am*
Se eles rezam muito, eu já estou no céu
F#m5- *F7M* *C* *F/G* *C*
Mais louco é quem me diz e não é feliz, não é feliz
G#° *C* *Dm5-* *G7* *C*
Sim, sou muito louco, não vou me curar
G#° *C* *Dm* *Am*
Já não sou o único, que encontrou a paz,
F#m5- *F7M* *C* *F/G* *G* *C° C*
Mais louco é quem me diz e não é feliz, eu sou feliz.

Bandeira do Divino

Vitor Martins e Ivan Lins

© Copyright —— by MIRAMAR Edições Musicais Ltda. - São Paulo - Brasil
Todos os direitos autorais reservados - All rights reserved

TOM — MIb MAIOR

Eb Bb7 Eb

Introdução: ***Eb Eb7M***

Eb7M
Os devotos do divino

Ab Ab7M Ab6
Vão abrir suas moradas

Eb/F F7
Pra bandeira do menino

Ab Bb7 Eb Eb7M Ab/B6
Ser benvindo, ser louvada ah! Ai!

Eb7M
Deus vos salve esse devoto

Ab Ab7M Ab6
Pela esmola em vosso nome,

Eb/F F7
Dando água à quem tem sêde

Ab/Bb Bb7 Eb Eb74 B9
Dando pão à quem tem fome ah! ai!

E7M
A bandeira acredita

A7 A7M A6
Que a semente seja tanta

E/F# F#7
Que esta mesa seja farta

A/B B7 E E7M A/B
Ou essa casa seja santa ah! ah!

E7M
Que o perdão seja sagrado

A7 A7M A6
Que a fé seja infinita

E/F# F#7
Que o homem seja livre

A/B B7 E E7M A/B
Que a justiça sobreviva ah! ai!

F7M
Assim como os três reis magos

Bb
Que seguiram a estrela guia

F/G G7
A bandeira segue em frente

Gm7 G7 F F7M Bb/C
Atrás de melhores dias ah! ai!

F7M
No estandarte vai escrito

Bb
Que ele voltará de novo

F/G G7
E o rei será bendito

Gm7/C C7 F F7M Bb/C
Ele nascerá do povo ah! ai!

F4 C4 F Bb F7M Bb7M F7M

Pão e Poesia

Moraes Moreira e Fausto Nilo

© Copyright 1982 by SEMPRE VIVA EDIÇÕES MUSICAIS LTDA.
© Copyright 1982 by PÃO E POESIA EDIÇÕES MUSICAIS LTDA.
Adm. por SONGS DO BRASIL - Rio de Janeiro - Brasil
Todos os direitos autorais reservados - All rights reserved.

G/A
A9
Dm
A7
Dm
Am5-
D7
Am5-
D7
Gm7
C9 7
Gm7
C7
F
F7
Bb7 9
Em
A7
D7M
Ao 𝄋 ao
A9-
Dm7
A7
Dm
Am5-
D7
Gm7
D7
Gm
C7 9
F
Bb7M
Bb7 9
G/A
A7
D7M
Do 𝄋 ao

A7 9-
Dm
A7
Dm7
Am5-
D7
Am6
Gm7
C7 9
F
F7
B♭7
A7
D
D
D6 9
D7 9M
D7M
Am7
D7
G7M
C♯m5-
F♯7
Bm7
E7
F♯m7
Em7
A7
D
Do
ao
Em
A7
D

TOM — RÉ MAIOR
D A7 D

Introdução: *D B7 Em A7*

D B7 Em7 A7 F#m7
Felici — dade é uma cidade pequenina,
Bm7 Em7
É uma casinha, é uma colina,
C79 F74
Qualquer lugar que se ilumina
B7 Em7
Quando a gente quer amar.

A13 Dm7
Se a vida fosse
A7 Dm7
Trabalhar na oficína
Am5- D7
Fazer menino ou menina,
Am5- D7 Gm7
Edifício e maracá,
Gm9 C79
Virtude e vício,
C13 F6
Liberdade e precipício,
Bb7M9 Bb7
Fazer pão, fazer comício,
Bb9 G/A
Fazer gol e namorar,
A9 Dm A7 Dm
Se a vida fosse o meu desejo,
Am5- D7
Dar um beijo em teu sorriso,
Am5- D7 Gm7
Sem cansaço
C79 Gm7 C7 F F7 Bb7
E o portão do paraiso é teu abraço
Em A7 D7M
Quando a fábrica apitar.

B7 A7
(Felicidade é uma cidade, Etc.)

Dm7 A7 Dm7
Não há paisagem entre o pão e a poesía
Am5- D7
Entre o quero e o não queria
Am5- D7 Gm7
Entre a terra e o luar.
C79
Não é na guerra,
C13 F6
Nem saudade e nem futuro,
Bb7M9 Bb7
É o amor no pé do muro,
Bb9 G/A
Sem ninguém policiar.
Dm7 A7
É a faculdade de sonhar,
Dm Am5-
é a poesía que principía

D7 Gm7 D7
Quando eu paro de pensar,
C79
Na luta desigual,
F
Na força bruta, meu amor,
Bb79 G/A
Quem te maltrata entre o almoço
A7 D7M
E o jantar.

B7 A7
(Felicidade é uma cidade, Etc.)

Dm7 A7 Dm7
O lindo espaço entre a fruta e o caroço,
Am5- D7
Quando explode é um alvoroço,
Am6 Gm7
Que distrai o teu olhar,
C79 F
É a natureza onde eu pareço metade,
F7 Bb7
Da tua mesma vontade,
A7 D
Escondida em outro olhar.
Dm A7 Dm
E como o doce não esquece a tamarinda,
Am5- D7
Essa beleza só finda
Am6 Gm7
Quando a outra começar.
C79
Vai ser bem feito nosso amor
F Bb7
Daquele jeito, neste dia é feriado,
A7 D
Não precisa trabalhar.

D69 D7M9
Prá não dizer que não falei de fantasia
D7M Am7 D7 G7M
Que acaricía o pensamento popular,
C#m5- F#7
O amor que fica entre a fala e
Bm7 E7
A tua boca, nem a palavra mais louca,
F#m5- Em7 D
Consegue significar: FELICIDADE!

Estribilho:
B7 A7
(Felicidade é uma cidade, etc.)

Recado

(Meu namorado)

Renato Teixeira

© Copyright 1984 by SIGEM-SISTEMA GLOBO DE EDIÇÕES MUSICAIS LTDA. - Rio de Janeiro - Brasil.
Todos os direitos autorais reservados para todos os países - All rights reserved.

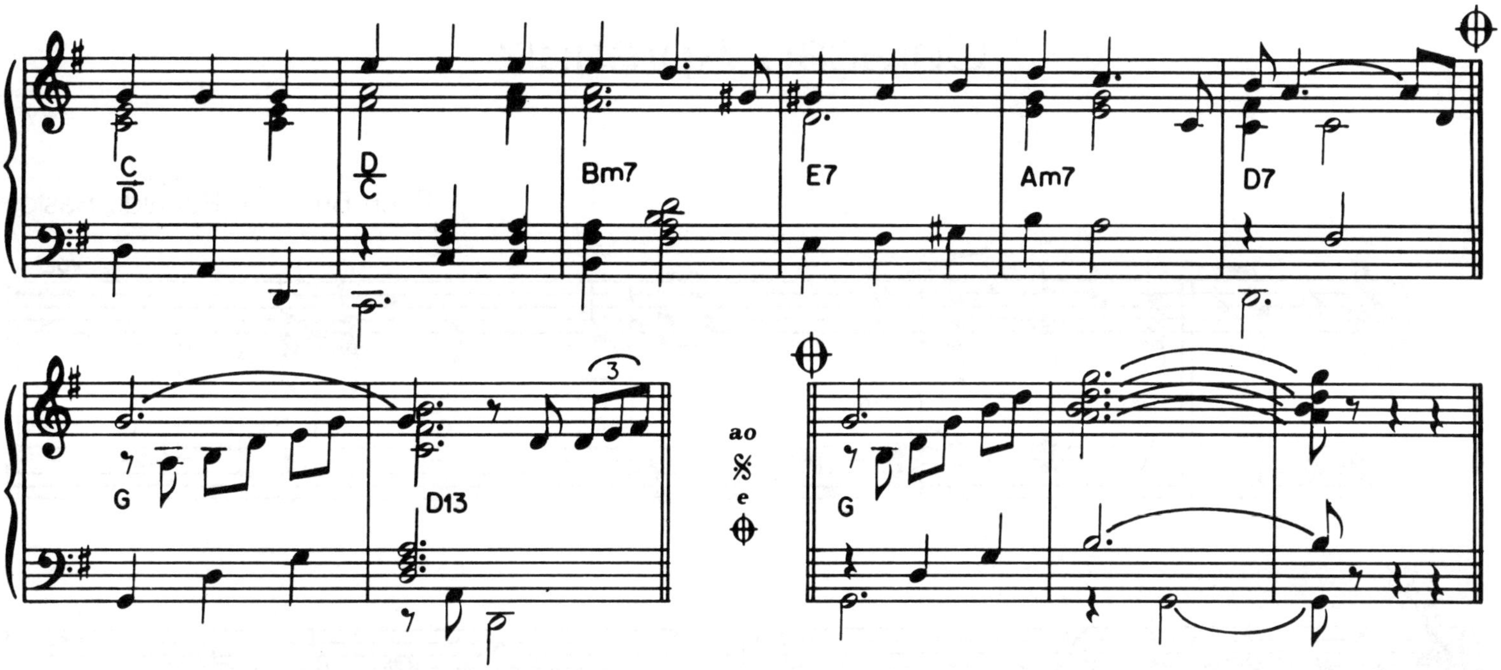

TOM — SOL MAIOR

G D7 G

Introdução: *G D7 G*

G G° G7M
Mandei um recado pro meu namorado,
E74 E7 AM7 D7 G
Nos classificados de um grande jornal
D13 G F#/G G
Pedindo pra ele que um dia apareça
G6/B Am7
Antes que eu me esqueça
D7 G
E melhore o astral.
D7 D/C Bm7
Meu namorado é um sujeito ocupado
Em7 F/G G7 C
Não manda recado nem dá um sinal
C/D D/C Bm7
Que eu ando meio com medo
E7 Am7
Que um dia ainda ache
D7 G D13
A tristeza normal.

G
Eu sou do subúrbio
G° G
E sei que o destino
E7 Am7
Pra gente é bem simples
D7 G
Não vai variar
G
Pensei no caminho
F#/G G
Que fosse seguro
G6/B Am7
Um bom casamento
D7 G
A vida no lar.

D7 D/C
Meu namorado é um sujeito, etc.

G
O tempo me dado
G° G
Pra andar nesta terra
E7 Am7
É um tempo de guerra
D7 G
É um tempo cruel
G
Até os amores
F#/C G
São tão mau — cuidados
G6/B Am7
Que acabam virando
D7 G
Uma coisa banal.

D7 D/C
Meu namorado é um sujeito, etc.

Coração Aprendiz

Erich Bulling e Ronaldo Bastos

© Copyright 1985 by TRÊS PONTAS EDIÇÕES MUSICAIS LTDA.
© Copyright 1985 by ERICK BULLING EDIÇÕES MUSICAIS LTDA.
Adm. por SBK SONGS DO BRASIL - Rio de Janeiro - Brasil
Todos os direitos autorais reservados - All rights reserved.

Am
Dm7
Cm7
F7/A
B♭
1.
E♭
Bm7
E7
Am7
F7M/G
E7/G♯
2.
E♭
F
G
G
Voz
Ao 𝄋
e 𝄌
G
G
A♭/B♭
E♭7M
F
Dm7
E♭7M
F
Dm7
G
F
E♭

1.
Eb
Eb
Eb/F
2.
Eb
G4
G
Cm
Fm7
Ebm7
Ab/C
Db
Gb
Dm5-
G
Cm
Ab/Bb
G 4/7
Cm
Fm7
Ebm7
Ab/C
Db
Gb
Ab
Bb
Ab/Bb
G 4/7

TOM — RÉ MENOR

Dm A7 Dm

Introdução: *Dm7 Em7 Dm7 G4 F/G G7*

C7M
Não precisa explicar
F/C Fm6 F7M
Se eu já sei só de olhar para você
Em7 Am7
Foi você quem quis
Dm7 G4 G7 C7M9
Agora vem dizer que não teve a intenção
F/C Ab/Bb Eb7M Cm Cm7 G4 G
Não seria bem melhor confessar a secreta paixão?

Refrão:

E/G# Am Dm Cm7
Você tem que compreender, o amor aconteceu
Eb Bm7 E7 Am7
Não adianta me virar o nariz
Am Dm Cm7 Bb
O princípio do prazer é tão simples de entender
Eb F G
Para quem tem coração aprendiz

C7M9
Eu podia não ligar
F Fm6 F7M Em7 Am7
Mas não gosto de ajudar ninguém a mentir
Em7 Am Dm G4 G7
Porque não cortou o mal pela raiz
C7M9
Se o ciume já passou
F/C Ab/Bb Eb7M
Admito que também sou assim,
Cm Cm7 G4 G E/G#
Não resisto a paixão

Refrão:

Cm Am7
Você pode reparar
Ebm7 Db Gb
Essa idéia de traição não combina com nós
Dm5- G Cm Ab G4
dois *Bb 7*
Cm Fm7 Ebm7 Db
O amor, se quer chegar, nunca deixa prá depois
Am Dm7
Você tem que compreender,
Cm7 F7 Bb
O amor aconteceu
Eb Bm E7 Am7
Não adianta me virar o nariz
Am7 Dm7
O princípio do prazer
Cm7 F7 Bb
É tão simples de entender
Eb F G
Para quem tem coração aprendiz.

Fica comigo esta noite

Samba-Canção

Adelino Moreira e Nelson Gonçalves

© Copyright Setembro 1961 by EDIÇÕES EUTERPE LTDA. - Rua 7 de Setembro, 98 - 3.º andar - Rio de Janeiro - Brasil.
Todos os direitos internacionais reservados - All rights reserved

TOM — RÉ MENOR
Dm A7 Dm

Introdução: *Gm7 Em7 A7 Dm/F A^{5+}_{9-} Dm7*

A7
Fica comigo esta noite
Dm Em5–
E não te arrependerás
Dm Dm7 A7
Lá fora o frio é um açoite
Dm/F Dm7
Calor aqui tu terás
D7 Gm/Bb
Terás meus beijos de amor
C7 C9 Bm5–
Minhas carícias terás
Bb7M A7 Em5–
Fica comigo esta noite
A7 Bb7M Gm
E não te arrependerás

D7 D9– Gm7
Quero em teus braços querida
C7 C9 F7M
Adormecer e sonhar
Bb7M Em5–
Esquecer que nos deixamos
A7 Dm
Sem nos querermos deixar
D7 D9–/F# Gm
Tu ouvirás o que eu digo
C7 C9 F7M
Eu ouvirei o que dizes
Dm A7 Bb7M
Fica comigo esta noite
A7 Dm Bb7M Gm Dm
E então seremos felizes.

Balada Triste

Samba-Canção

Dalton Vogeler e Esdras Silva

© Copyright 1958 EDITORA NOSSA TERRA Ltda. - R. de Janeiro - Brasil
Todos os direitos autorais reservados - All rights reserved.

TOM — RÉ MENOR

Dm A7 Dm

Introdução: *Bb7M Dm7 Gm7 Em7 Em5- A7*

Dm
Balada triste,
Bb7m Gm/Bb
Que me faz lembrar de alguém
A7 Dm
Alguém que existe
Bb7M Bb6 Gm
E que outrora foi meu bem
C9 F7M
Balada triste,
E7 Am Am/C
Melodia do meu drama,
D7 Gm7
Esse alguém já não me ama,
E7 Gm/Bb
Esqueceu você também.

A7 Dm
Não há mais nada,
Bb7M Bb6 G/A
Foi um sonho que findou
A7 Dm
Triste balada,
Bb7M Bb6 Gm
Só você me acompanhou
C7 F7M
Fica, comigo,
F E7 Am Am/C
Velha amiga e companheira
D7 Gm7
Vou cantá-la a vida inteira
E9- A7 Dm Bb7M G/A D7M
Prá lembrar o que passou

Xamêgo

Samba

Luiz Gonzaga e Miguel Lima

© Copyright —— by CEMBRA LTDA.
Todos os direitos autorais reservados - All rights reserved.

TOM — DÓ MAIOR

G7 C G7 C

Introdução: *G7 C G7 C*

G7
O xamêgo dá prazer
C
O xamêgo faz sofrer
G7
O xamêgo às vezes dói
C
E às vezes não!
Am7 Dm7 G7 C
O xamêgo às vezes roe o coração
Am7 Dm7 G7 C
Todo mundo quer saber o que é xamêgo
G7
Bis Ninguém sabe se ele é branco
C
Se é mulato, ou negro

G7
Quem não sabe o que é xamêgo
C
Pede prá vovó
G7
Que já tem setenta anos
C
E ainda quer xodó
G7
E reclama noite e dia
C
Por viver tão só

Ai, que xodó
G7 C
Que xamêgo, que chorinho bom
G7 C
Toca mais um bocadinho sem sair do tom
G7
Meu compadre chega aqui!
C
Ai, que xamêgo bom
Am Dm7
Ai, que xamêgo bom
C
Ai, que xamêgo bom
G7 C
Ai, que xamêgo bom
Am Dm7
Ai, que xamêgo bom
G7 C
Ai, que xamêgo bom

Você é linda

Caetano Veloso

© Copyright —— by GAPA LTDA. (Guilherme Araújo Prod. Artística)
Adm. por EDIÇÕES INTERSONG LTDA. - Rio de Janeiro - Brasil
Todos os direitos autorais reservados - All rights reserved

TOM — DÓ MAIOR
C G7 C

Introdução: C9 Em7 F7M Dm7 Fm7 Bb7 C7M G4 G7

Am7
Fonte de mel
Em7
Nuns olhos de gueixa
F7M Bm7
Kabuki, máscara,
E7 F7M
Choque entre o azul
F#m5 – 7 B7
E o cacho de acácias
Em7 A7
Luz das acácias
Dm7 G7
Você é mãe do sol
Am Em7
A sua coisa é tão certa
F7M Bm7 E7
Beleza esper—ta
F7M F#m5 – 7 B7
Você me deixa a rua deserta
Em7 A7
Quando atravessa
Dm7 G13 C7M
E não olha prá trás.

C7M
Linda
Em
E sabe viver
F7M Dm7
Você me faz feliz
Fm7 Bb7
Esta canção é só prá dizer
C7M G4 G13
E diz
C9
Você é linda
Em7
Mais que demais
F7M9 Dm
Você é linda, sim
Fm7 Bb7
Onda do mar do amor
C7M9
Que bateu em mim.

Am7
Você é forte
Em7
Dentes e músculos
F7M Bm7
Peitos e lábios
E7
Você é forte
F7M
Letras e músicas
F#m5 – 7 B7
Todas as músicas
Em7 A7
Que ainda hei de ouvir
Dm7 G7
No Abaeté
Am7
Areais e estrelas
Em7 F7M
Não são mais belas
Bm7 E7
Do que você
F7M
Mulher das estrelas
F#m5 – 7 B7
Mina de estrelas
Em7 A7
Diga o que você quer.

Dm7 G7
Você é linda
C7M Em7
E sabe viver
F7M Dm7
Você me faz feliz
Fm7 Fm6 Bb7
Esta canção é só prá dizer
C7M G4 G7
E diz
C9
Você é linda
Em7
Mais que demais
F7M9 Dm
Você é linda, sim
Fm7 Bb7
Onda do mar do amor
C7M9
Que bateu em mim.

Am7
Gosto de ver
Em7
Você no seu ritmo
F7M Bm7/E E7
Dona do Carnaval
F7M
Gosto de ter
F#m6 – 7 B7
Sentir seu estilo
Em7 A7
Ir no seu íntimo
Am7 G7
Nunca me faça mal

Am7
Linda
Em7 F7M
Mais que demais
Bm7 E7
Você é linda, sim
F#m5 – 7 B7
Onda do mar do amor
Em7 A7
Que bateu em mim
Dm7 G7 C7M
Você é linda,
Em7
E sabe viver
F7M Dm7
Você me faz feliz
Fm7 Fm6 Bb7
Esta canção é só prá dizer
C7M
E diz.

Errei... Erramos

Samba

Ataulfo Alves

© Copyright 1938 by IRMÃOS VITALE S/A. Ind. e Com. - São Paulo - Rio de Janeiro - Brasil
Todos os direitos autorais reservados para todos os países - All Rights Reserved

Cm7
D7
Dm5-
G7
Cm7
Db7
C7
Fm7
G7
Cm
Ab7M
Dm5-
G7
Cm
Fm
G7
Cm7
Cm/Bb
Fm/Ab
G7
C7
C9-
Fm

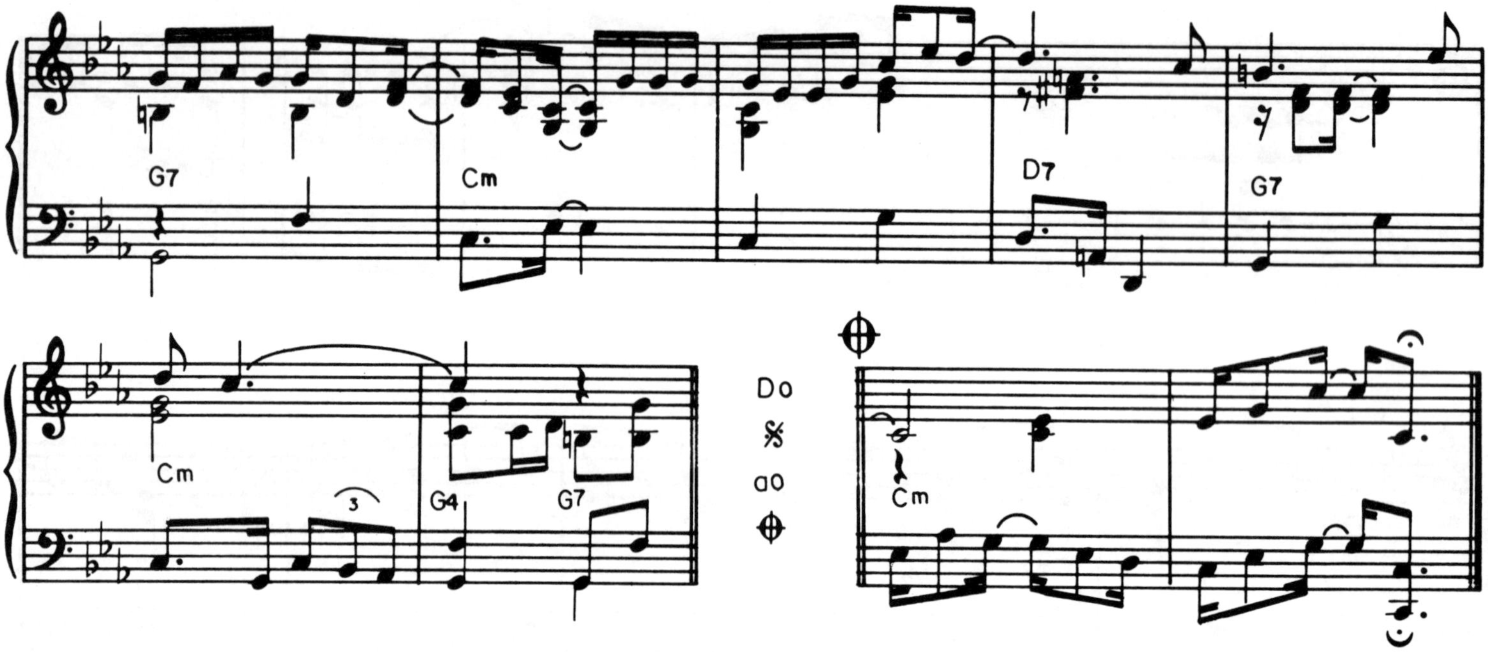

TOM - DÓ MAIOR
Cm G7 Cm

Introdução: *Fm Fm6 Fm/G Cm7 G7 Ab13 G7*

Cm7 D7
Eu na verdade
G7
Indiretamente sou culpado
Cm
Da tua infelicidade
Dm7 G7 Cm Gm7
Mas se eu for condenado
Am5- D7
A tua conciência
G7
Será meu advogado
Cm
Mas...
D7
Evidentemente
Dm5- G7
Eu devia ser encarcerado
Cm7 C7
Nas grades do teu coração
Fm7 G7
Porque se sou um criminoso
Cm Ab7M
És também, nota bem
Dm5– G7 Cm
Que estás na mesma infração
Fm G7 Cm7
Venho ao tribunal da minha consciência
Cm Fm
Como "réo confesso"
G7 Cm9-
Pedir clemência
Fm
O meu erro é bem humano
G7 Cm
É um crime que não evitamos
D7
Este princípio alguém jamais destrói
G7 Cm
Errei...erramos.

Azul

Djavan

© Copyright 1982 by LUANDA Edições Musicais Ltda. - SBK Songs do Brasil - Rio de Janeiro - Brasil
Todos os direitos autorais reservados - All rights reserved

Gm7 A/C♯ Dm Cm7 B♭7M A7 Dm7 A♭11+ Gm A/C♯
Dm7 Cm7 B♭7M B♭/C Gm7 A/C♯ Dm B7
B♭7M A7 Dm A♭7 Gm7 A/C♯ Dm Cm7 1. B♭7M A7
Dm A♭7 2. B♭7M A7 Dm Ao 𝄋 e 𝄌 B♭7M A7
repetir ad libtum
Dm7 Gm7 A/C♯ Dm Cm7 B♭7M A7 Dm A♭11+
Gm7 A/C♯ Dm B7 B♭7M A7 Dm A♭11+

TOM — RÉ MENOR

Dm A7 Dm

Introdução: *Gm7 A7 Dm7 Ab7 Gm7 A7 Dm Ab11+ G9 A5+*

```
          Gm7          A/C#      Dm                    Cm7 B7
          Eu não sei         se vem de Deus,
Bb7                  A7     Dm   Ab11+
          Do céu ficar azul...
          Gm7      A/C#         Dm      Cm7  B7
          Ouvirá...        dos olhos teus
Bb7M                          Em5-           A7
          Essa cor que azuleja o dia?
Gm7           A/C#      Dm Cm7   B7
          Se acaso anoitecer,
Bb7M                     A7      Dm7
          Do céu perder o azul,
Ab11+     Gm7      A/C#           Dm    Cm7
          Entre o mar e o entardecer
Bb7M                         Em5-    A5+7   Ab   Gm7
          Alga marinha,  vá na maresi  -  a
             Dm    Cm7  Ab7M              A5+          Dm  Ab11
          Buscar  ali                 um cheiro de azul
          Gm    A/C#         Dm7      Cm7
          Essa cor   não sai de mim,
          Bb7M                     Bb/C
          Bate e finca-pe a sangue- rei
                Gm7                    A/C#
          Té o sol nascer amarelinho,
          Dm                 B7
          Queimando mansinho
             Bb7         A7          Dm
          Cedinho, cedinho, cedinho,
          Ab7                Gm7                    A/C#
          Corre e vai dizer pro meu benzinho
          Dm                   Cm7
          Hum, dizer assim
             Bb7M     A7    Dm
          O amor é azulzinho,
```

Deslizes

Michael Sullivan e Paulo Massadas

© Copyright 1988 by EDITORA MUSICAL BMG ARABELA LTDA. - São Paulo - Rio de Janeiro - Brasil
Todos os direitos autorais reservados - All rights reserved

C G7 C G7 Am
Am/G Gm7 C7 F A/C♯ Dm A7
Dm A/C♯ Dm F
G C C7 F G7
Am C7 F G7 Am

C7
F
G7
Am
C/G
Dm
G7
Orq.
C
G/B
Am
C/G
F
C/E
1.
Dm
G
G7
2.
Dm
G
C
G/B
Am
Repetir ad libtum sumindo
C/G
F
C/E
Dm
G

TOM — DO MAIOR
C G7 C

Introdução: *C G Am C F C Dm G7*
B G E

```
G7          C          G/B              Am   C/G
   Não sei porque insisto tanto em te querer
          Gm             C7                F
   Se você sempre faz de mim o que bem quer
           Dm7         Dm/C#        Dm
   Se ao teu lado sei tão pouco de você
          G             G7            C
   É pelos outros que eu sei quem você é.

G7           C                 G7              Am  Am/G
   Eu sei de tudo, com quem andas, aonde vais
              Gm7          C7                F  A/C#  Dm
   Mas eu disfarço meu ciume mesmo assim
              Dm              A/C#        Dm
   Pois aprendi que o meu silêncio vale mais
             F             G             C
   E desse jeito eu vou trazer você prá mim.

C7          F               G7           Am
   E como prêmio eu recebo teu abraço
C7         F              G7         Am
   Subornando meu desejo tão antigo
C7              F            G7            Am      C/G
   E fecho os olhos para todos os teus passos
                Dm             G7           C
   Me enganando, só assim somos amigos.
```

Orquestra: *C G Am C F C Dm G*
B G

```
G7             C              G/B           Am    C/G
   Por quantas vezes me dá raiva te querer
                Gm7              C7            F
   Em concordar com tudo que você me faz
                Dm7           Dm/C#           Dm
   Já fiz de tudo prá tentar      te esquecer
               G              G7             C
   Falta coragem prá dizer que nunca mais

G7              C
   Nós somos cúmplices
        G7              Am     Am/G
   Nos dois somos culpados
                    Gm7                   C7                 F    A/C#  Dm
   No mesmo instante em que teu corpo toca o meu
A7           Dm            A/C#             Dm
   Já não existe nem o certo nem errado
         F                  G7              C
   Só o amor que por encanto aconteceu.

C7          F
   E é só assim
                   G7            Am
   Que eu perdôo teus deslizes
C7        F                 G7            Am
   E é assim o nosso jeito de viver
C7              F                 G7                  Am   C/G
   Em outros braços tu resolves tuas crises
                  Dm              G7                   C
   Em outras bocas não consigo te esquecer.
```

Orquestra: *C G Am C F C D G*
B G E

Muito estranho

(Cuida bem de mim)

Dalto e Claudio Rabello

© Copyright 1982 by D. C. EDIÇÕES MUSICAIS LTDA. - Adm. EDIÇÕES MUSICAIS TAPAJOS LTDA.
© Copyright 1982 by ANJO EDIÇÕES MUSICAIS LTDA/SBK SONGS DO BRASIL
Todos os direitos autorais reservados - All rights reserved.

TOM — SOL MAIOR

G D7 G

Introdução: G Am G D7 G Am G D7

G Em7 Am
Hum! Mas se um dia eu chegar muito estranho
D7 Am7 C/G G
Deixa essa água no corpo lembrar nosso banho
G Em7 Am
Hum! Mas se um dia eu chegar muito louco
D7 Am7 C/G G
Deixa essa noite saber que um dia foi pouco
C Am D7 Bm7 Am D7
Cuida bem de mim e então misture tudo dentro de nós
Am7 Am7 G C D7
Porque ninguém vai dormir nosso sonho
G Em7 Am7 D7
Hum! Minha cara, prá que tantos planos?
Am7 C/G G C D7
Se quero te amar e te amar muitos anos D
G Em7 Am7 D7
Hum! Tantas vezes eu quis ficar solto
Am7 C/G G
Como se fosse uma lua a brincar no teu rosto
G7 C Am7 D7 Bm7 Am7 D7
Cuida bem de mim e então misture tudo dentro de nós
Am7 C/G G Em7 C D7
Porque ninguém vai dormir nosso sonho.

Batuque no morro

Batucada

Russo do Pandeiro e Sá Roris

© Copyright 1941 by IRMÃOS VITALE S/A. Ind. e Com. - São Paulo - Rio de Janeiro - Brasil
Todos os direitos autorais reservados para todos os países - All Rights Reserved

TOM — DÓ MAIOR
C G7 C

Introdução: *F7M C^6_9 A7 Dm7 B7 C D7 G7 C G7*

Bis

C F7M C F
Gosto de ver batuque no morro
C F7M C F
Gosto de ver batuque no morro
Dm7
Ai, ai, ai
G7 Dm G7
Pois o batuque é bom prá cachorro
G7 Dm G7
Pois o batuque é bom prá cachorro
C G7
Ai, ai, ai

C F C
Nêgo na macumba
F9 C
Bate o bombo zumba zumba
Em7 A7 Dm Gm/Bb A7 Dm
Prá fazer o cangerê ê ê ê
Dm F/G
Nêga quando samba
G7 Dm7 G7 C
Requebrando com as cadeiras
Am7 Dm
Eu gosto de ver
G7 C
Eu gosto de ver
A7 Dm G7 C A7
Eu gosto de ver ê ê ê

C F C
Nêgo americano
F9
Dança o swing
C Em7 A7 Dm GM/Bb A7 Dm
e não sabe batucar ê ê ê
Dm F/G
Branco americano
G7 Dm7
Vai deixar a tal conga
G7 C
E o francês o "Jattendrai"
Am7 Dm
Eu tenho que ver
G7 C
Eu tenho que ver
A7 Dm G C A7
Eu tenho que ver ê ê ê

Vagamente

Samba

Roberto Menescal e Ronaldo Boscoli

© Copyright 1976 by IRMÃOS VITALE S/A. Ind. e Com. - São Paulo - Rio de Janeiro - Brasil
Todos os direitos autorais reservados para todos os países - All Rights Reserved

TOM — DÓ MAIOR

C G7 C

Introdução: *C G7 C*

```
            C7M                    Am7
Só me lembro muito vagamente,
                    Em7                   Gm7
Correndo você vinha, quando de repente,
C7         F6                     Fm7                C7M
Seu sorriso que era muito branco... me encontrou
           F6                    Fm6
Só me lembro que depois andamos
         C7M                     Am7
Mil estrelas só nós dois contamos
       C/D                      D7               Eb7M   Eb6 Dm7
E o vento soprou de manhã, mil canções...              G713

            C7M                    Am7
Só me lembro, muito vagamente,
                      Em7                Gm7    C7
Da tarde que morria, quando de repente,
         F6                      Fm6           C7M C713
Eu sozinho, fiquei te esperando, e chorei,
            F6                    Fm6/Ab
Só me lembro muito vagamente,
     Fm6/D      C7M/C                         Am7
O quanto a gente amou e foi tão de repente,
                    D7              Dm7
Que eu nem lembro se foi com você
               G13         Ab7M  Db7M C7M
Que eu perdi meu amor...
```

Sampa

Samba Canção

Caetano Veloso

© Copyright 1978 by GAPA LTDA. (Guilherme Araújo Prod. Artística)
Adm. por EDIÇÕES INTERSONG LTDA. Rio de Janeiro - Brasil
Todos os direitos autorais reservados - All rights reserved

TOM — DÓ MAIOR

C G7 C

Introdução: *C7M F/G G7*

(1º)

C7M C7M(9) Bm7(5-) E7(9-) Am7 Bb C C13(9)
Alguma coisa acontece no meu coração,

F7M Em7 A7 Dm7
Que só quando eu cruzo a Ipiranga e a Avenida São João,

Dm7 G13 G#o Am7
É que quando eu cheguei por aqui, eu nada entendi

D9
Da dura poesia concreta de suas esquinas

D7 Dm
Da deselegância discreta de suas meninas

C79- C69 C/Bb
Ainda não havia para mim Rita Lee

F7M9 F#°
A tua mais completa tradução

Em7 A5-7 Dm7 G7 Bb9 A7
Alguma coisa acontece no meu coração

Dm Ab7 G7 C C7M G75+
Que só quando cruzo a Ipiranga e a Avenida São João.

(2º)

C7M C7M9 Bm7 E79 Am7 C C13(9)
Quando eu te encarei frente a frente não vi o meu rosto

F7M Em7 A7 Dm7
Chamei de mau gosto o que vi de mau gosto, de mau gosto

Dm7 G13 G#° Am7
É que Narciso acha feio o que não é espelho

D9
E a mente apavora o que ainda não é mesmo velho

D7 Dm7
Nada do que não era antes quando não somos mutantes

G79- C69 C/Bb
E foste um difícil começo, afasta o que não conheço

F7M F#°
Que vem de outro sonho feliz da cidade

Em7 A75+ Dm7 G7 Bb9 · A7
Aprende depressa a chamar-te de realidade

Dm7 Ab7 G7 C C7M G75+
Porque és o avesso do avesso, do avesso do avesso.

(3º)

C7M C7M(9) Bm7 E7(9-) Am7 CBb C13(9)
Do povo oprimido nas filas, nas vilas, favelas,

F7M Em9 A7 Dm7
Da força da grana que ergue e destroi coisas belas

Dm7 G13 G#° Am7
Da feia fumaça que sobe apagando as estrelas

D7
Eu vejo surgir teus poetas e espaços.

D7 Dm
Tuas oficinas de florestas, teus Deuses da chuva

C79- C96 C/Bb
Panaméricas, de Áfricas utópicas,

F7M F#°
Túmulo do samba mais possível novo

Em7 A75+
Quilombo de Zumbi e os novos Baianos

Dm7 G7 A7 Dm7
Passeiam na tua garôa e novos Baianos

Ab/7 G7 C
Te podem curtir numa bôa.

Nota: "SAMPA", é cantado três vezes, em cada uma delas uma letra diferente. Somente a primeira parte, cada nota musical corresponderá a letra corretamente. As outras duas letras, às vezes não combinam com as notas (há mais letra que notas), mas pela Cifragem podem se orientar, ou ouvir o disco.

Rapaz de bem

Samba

Letra e Música de Johnny Alf

© Copyright 1958 by Irmãos Vitale S.A. Ind. e Com. — São Paulo — Rio de Janeiro — Brasil
Todos os direitos autorais reservados para todos os países — All Rights Reserved

TOM — FÁ MAIOR
F C7 F

Introdução: *Am7 D7 Gm7 Db7 Gm7 C9– F*

F *F7M* *Bb7*
Você bem sabe, eu sou rapaz de bem,
F *F7M* *Dm7* *Am5–* *D9–*
E a minha onda é do vai-e-vem,
Gm7 *A7* *D7M/A* *D7M* *Bm7*
Pois co'as pessoas que eu bem tratar,
E7 *A7*
Eu qualquer dia posso me arrumar!
Bb
(Vê se mora!)

F *F7M* *Bb7*
No meu preparo intelectual
F *F7M* *Dm7* *Am5–* *D9–*
É o trabalho a pior moral.
Gm7 *A9* *D7M/A* *D7M* *Bm7*
Não sendo a minha apresentação
E7 *A7* *Bb* *D9–*
O meu dinheiro, só de arrumação,

Gm *C7* *Fm7*
Eu tenho casa, tenho comida,
Bb9– *Ebm7* *Ab7* *Db7+*
Não passo fome, graças a Deus!
Dm7 *G7* *Em7*
E no esporte eu sou de morte;
G7 *Gm7* *C7*
Tendo isso tudo eu não preciso de mais nada, é claro.

F7M *F7M* *Bb7*
Se a luz do sol vem me trazer calor
F7M *Dm7* *Am5–* *D7*
E a luz da lua vem me trazer amor,
Gm7 *A7* *D7M*
Tudo de graça a natureza dá
Gm7 *C9–* *Bb7M* *F7M*
Prá que que eu quero trabalhar?

Baby

Caetano Veloso

© Copyright 1968 by EDIÇÕES INTERSONG LTDA. - Rio de Janeiro - Brasil
Todos os direitos autorais reservados - All rights reserved

Do
a

C 5+ 7
F
Bb7M
F
Bb7M
F
Bb
F
Bb
F
Bb7M
F
Bb7M
F
Bb7M
F
Bb
F
Bb7M
F
Bb7M
F
Bb
F
Bb
F
Dm
Repete ad lib.
Gm
dim.
C 5+ 7

TOM — FÁ MAIOR
F C7 F

Introdução: *F Bb (8 vezes de Rítmo)*

```
      F    Bb7M                     F
      Você,        precisa saber da piscina
         Bb              F             Bb          Bb7M
      Da margarina, da Carolina, da gazolina
      F         Bb7M                 C/Bb      F
      Você,        precisa saber         de mim,
        F       Dm
Bis { Baby, Baby,
    { Gm7              C5+
      Eu sei que é assim.


        F   Bb7M                              F    Bb7M
      Você,        precisava tomar um sorvete
         Bb           F
      Na lanchonete, andar com a gente,
          B6          Bb7M
      Me ver de perto,
      F    Bb7M             C/Bb        F
      Ouvir    aquela canção do Roberto.
    { Bb7M         Dm
Bis { Baby, Baby,
    { Gm7              C75+
      A quanto tempo


      F         Bb7M                         F
      Você,         precisa aprender inglês
 Bb7M                                    F
      Precisa aprender o que eu sei
          Bb
      E o que eu não sei mais
      F                       Bb
      E o que eu não sei mais.


      F          Bb7M                     F
      Não sei      comigo vai tudo azul
 Bb7M                              F
      Contigo vai tudo em paz
 Bb7M                                 F
      Vivemos na melhor cidade
          Bb
      Da América do Sul
           F
      Da América do Sul,
              Bb7M                F                 Bb7M
      Você precisa, você precisa, você precisa.


      F             Bb7M                      F
      Não sei,      leia na minha camisa
      F            Dm
      Baby, Baby,
Bis  Gm    C5+7
      I love you..
```

Lilás

Funk

Djavan

© Copyright 1984 by LUANDA EDIÇÕES MUSICAIS LTDA.
Adm. por SBK SONGS DO BRASIL - Rio de Janeiro - Brasil
Todos os direitos autorais reservados - All rights reserved.

Dm7
Am
Am
orquestra
repetir varias vezes e 2º
Am7
F7M
B♭7M
Am7
Am7
Ao
e
Am
F7M
Am
F7M
Am7
repetir ad. libtum sumindo
Cº
Dm7
Am

TOM — RÉ MENOR

Dm A7 Dm

Introdução: *Dm Bb7M Dm Bb7M11+*

Dm
Amanhã:
Dm/C
Outro dia

Lua sai

Ventania
Bb6 *Gm6/B6*
Abraça uma nuvem que passa no ar
Gm7 *A7*
Beija, brinca e me deixa passar
Dm
E no ar
Dm/C
De outro dia

Meu olhar

Surgia
Bb6 *Gm6*
Nas pontas de estrelas perdidas no mar
Gm *C7*
Pra chover de emoção
C7
Trovejar
Dm
Raio se libertou
Dm/C
Clareou
Bb *Am*
Muito mais
Dm7
Se encantou
Dm/C
Pela côr lilás.
Am *Dm*
Prata na luz do amor
A
Céu azul
F7M
Eu quero ver o pôr do sol
Am *F7M*
Lindo como ele só
Am *C°*
E gente pra ver e viajar
Dm *Am*
No seu mar de raio.

Izaura

Samba

Herivelto Martins e Roberto Roberti

© Copyright 1945 by IRMÃOS VITALE S/A. Ind. e Com. - São Paulo - Rio de Janeiro - Brasil
Todos os direitos autorais reservados para todos os países - All Rights Reserved

G13
C
F7M
Dm4
G13
Gm7
C7
F
F/G
G7
Em7
Am7
Dm
G7
1. Breque
C
G7
2.
C6/9
Am7
Dm7
G7
C
C9
Gm7
C7
F7M
Fm7

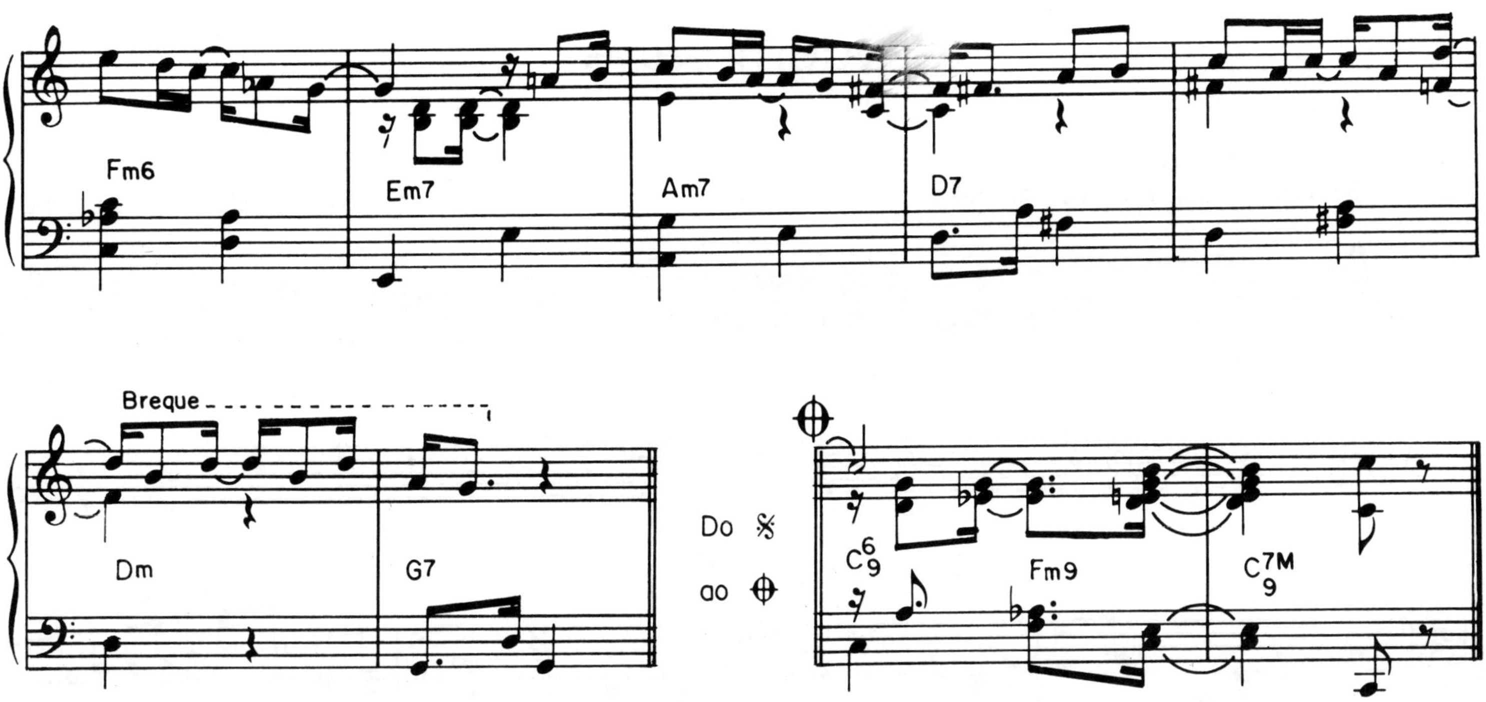

TOM — DÓ MAIOR
C G7 C

Introdução: *C13 F9(6) Dm7 G7 C C7M Gm7 G13*

Em5– A7 Dm7 G13
Ai, ai, ai, Izaura
C F7M Dm4 G13
Hoje eu não posso ficar
Gm7 C7 F
Se eu cair em seus braços
F/G G7 Em7
Não há despertador
Am7 Dm G7 C
Que me faça acordar
C G7
Breque (Eu vou trabalhar)

Am7 Dm7
O trabalho é um dever
G7 C
Todos devem respeitar
C7 Gm7
Ó Izaura me perdõe
C7 F7M
No domingo eu vou voltar
Fm7
Seu carinho é muito bom
Fm6 Em7
Ninguém pode contestar
Am7 D7
Se você quiser eu fico
Dm
Mas vai me prejudicar
G7
Breque (Eu vou trabalhar)

Quem sabe

Poesia de
Dr. F.L. Bitencourt Sampaio (Modinha)

Música de Carlos Gomes

© Copyright —— by MANGIONE & FILHOS COMP. LTDA.,
Todos os direitos autorais reservados para todos os países - All rights reserved.

D Em A7 D Em A7 D
A E7 A E7
A D A E7
Tão lon — ge de mim dis — tan — te
A A7 D A7 D
Em7 B9- Em A7
D F#7 Bm

TOM — RÉ MAIOR
D A7 D

Introdução: *D D Em7 A7 D*

D A7 D
Tão longe, de mim distante,
Em7
Onde irá, onde irá teu pensamento!
B7 Em7 A7
Tão longe, de mim distante,
D
Onde irá, onde irá teu pensamento!
F#7 Bm
Quizera, saber agora,
Em A7 D
Quizéra, saber agora
Em A7 D
Se esqueceste, se esqueceste,
Em A7 D
Se esqueceste o juramento.

A G7
Quem sabe, se és constante,
A
Se inda é meu teu pensamento,
E7 A D
Minh'alma toda devora
A E7
Da saudade, da saudade
A
Agro tormento.

D A7 D
Tão longe, de mim distante,
Em7
Onde irá, onde irá teu pensamento!
B9- Em A7
Quizéra, saber agora,
D
Se esqueceste, se esqueceste o juramento!
F#7 Bm
Quem sabe, se és constante,
A7 D
Se inda é meu teu pensamento,
D7 G D
Minh'alma toda devora
A7 D A7 D G D
Da saudade, agro tormento.

(Ao princípio)

D A7 D
Vivendo, de ti ausente

Ai! Meu Deus, Ai! meu Deus,
Em
Que amargo pranto,
Em7 A7
Vivendo, de ti ausente,

Ai! Meu Deus, Ai! meu Deus,
D
Que amargo pranto!
F#7 Bm
Suspiros, angustia e dores,
Em A7 D
Suspiros, angustia de dores,
Em A7 D
São as vozes, são as vozes,
Em D
São as vozes do meu canto.

A E7
Quem sabe, pomba inocente,
A
Se também te corre o pranto!
E7 D
Minh'alma cheia de amores
A E7
Te entreguei, te entreguei
A
Já neste canto!

D A7 D
Vivendo, de ti distante,

Ai! Meu Deus, Ai! meu Deus,
Em7
Que amargo pranto.
B9- Em A7
Suspiros, angustia e dores,

São as vozes, são as vozes,
D
Do meu canto.
F#7 Bm
Quem sabe, pomba inocente,
A7 D
Se também te corre o pranto!
D7 G D
Minh'alma cheia de amores
A7 D A7 D G D
Te entreguei já neste canto.

Moça

Letra e Música de Wando

© Copyright 1975 by MUSIRAMA EDITORA MUSICAL LTDA.
© Copyright 1975 by MERIDIONAL EDIÇÕES MUSICAIS LTDA.
Todos os direitos autorais reservados - All rights reserved.

Am7
E9-
G♯
E7
G♯
Gm
B♭
A7
D7
A
A°
Bm5-
E7
G♯°
Am
F
F9
E9-
Am
Bm4
E7
A7M
A 7/6 M
G♯°
G11+
F♯m7
Bm7
1.
D
E
E7
A7M
Bm7
E7
2.
E4
A9
a tempo
Bm5-
E
rall
Am
Am7
E
G♯

TOM — LÁ MENOR
Am E7 Am

Introdução: *Am Am D Dm Esusp E7 E7 Am Em7 Dm Em9 Dm9 E9- C F# F*

Am Am7 E7/G#
Moça me espera amanhã
Gm/Bb
Levo o meu coração
A7 D/A
Pronto prá te entregar
A° E7 G#° Am
Moça moça eu te prometo
Am F#°
Eu me viro do avesso
F7 E E9-
Só prá te abraçar — ar.
Am Am7 E9-/G#
Moça sei que já não é pura
E/G# Gm/Bb
Teu passado é tão forte
A7 D7/A
Póde até machucar
A° Bm5- E7 G#° Am
Moça dobre as mangas do tempo
Am F F7
Jogue o teu sentimen - to
E9- Am Bm4 E7
Tudo em minhas mãos.

A7M A7M6 G#° G11+
Eu quero me embolar nos teus cabelos
F#7 Bm7
Abraçar teu corpo inteiro
D/E E7 A7M Bm7 E7
Morrer de amor, de amor me perder
A7M A7M6
Eu quero, eu quero, eu quero,
G#° G11+
Me embolar nos teus cabelos
F#m7 Bm7
Abraçar teu corpo inteiro
E4 A9 Bm5-
Morrer de amor, de amor me perder.
Am Am7 E/G#
Moça sei que já não é pura
Gm/B6
Teu passado é tão forte
A7 D7/A
Pode até machucar

(Orquestra)

O SEGREDO MARAVILHOSO DAS CIFRAS

Atendendo à diversos telefonemas de Professores e Pianistas que não tocam pelo Sistema Cifrado, transcrevo aqui algumas rápidas orientações de «Como tocar a Música Popular por Cifras».

Não irei apresentar precisamente uma aula, porque o espaço é pequeno, mas apenas algumas «Dicas» para aqueles que me telefonam do interior, baseado no sucesso desta Enciclopédia «O Melhor da Música Popular Brasileira», atualmente em 7 volumes, cujo 1.° volume já atingiu a 3.ª edição em menos de um ano.

GOSTAR DE CIFRAS

Antes de dar a primeira «Dica», gostaria de dizer que o melhor remédio para aprender Cifras é «Gostar delas» e não querer aprender já vindo «Sem vontade de gostar», pois seu estudo requer muito gosto, ação criadora e ritmo próprio. É mais uma matéria importante que vai somar aos seus conhecimentos musicais, porque será, sem dúvida alguma, uma prova de Ritmo, onde você poderá criar maravilhas com estas simples Cifras, que nada mais são que uma oportunidade para colocar em prática todos os seus conhecimentos de Harmonia ou os seus dons naturais deste seu ouvido absoluto que Deus lhe deu.

C I F R A S

São letras e sinais convencionais que se colocam acima ou abaixo de uma Melodia, para representar os acordes do Acompanhamento. As Cifras, mundialmente conhecidas, são escritas em Lingua Anglo Saxônia e Lingua Latina.

DÓ	RÉ	MI	FÁ	SOL	LÁ	SI	(Lingua Latina)
C	D	E	F	G	A	B	(Anglo Saxônia)

ORDEM ALFABÉTICA

As notas em Lingua Anglo Saxônia, seguem a ordem do alfabeto;

A B C D E F G

Começa na letra **A**, que é a nota Lá, por ser a nota principal do Diapasão Normal. As Cifras são usadas desde a Idade Média.

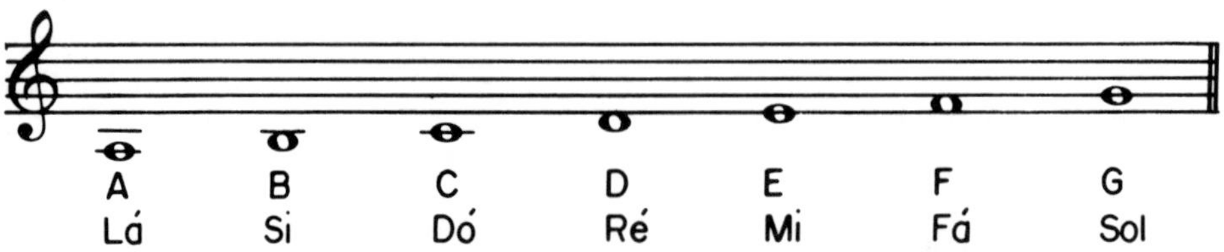

Na Cifragem Anglo Saxônia, os acordes maiores são representados apenas pela letra maiúscula correspondente, e nos acordes menores acrescentando um **m** (minúsculo). Ex. C - DÓ Maior e Cm - DÓ menor.

SINAIS CONVENCIONAIS PARA REPRESENTAR OS ACORDES

(EXEMPLO EM C - DÓ)

C	Lê-se	DÓ Maior	Cm	Lê-se	DÓ Menor
C5+	"	DÓ com 5.ª aumentada	Cm6	"	DÓ menor com sexta
C6	"	DÓ com sexta	C dim (C.°)	"	DÓ Sétima Diminuta
C7	"	DÓ Sétima (menor) Dominante	Cm7	"	DÓ menor Sétima
C7M	"	DÓ Sétima Maior	C9−(C79−)	"	DÓ com nona menor
C9(C79)	"	DÓ nona Maior			

(Assim em todos os tons)

ALGUNS ACORDES FORMADOS SOBRE A TÔNICA C - DÓ
(SOMENTE NO ESTADO FUNDAMENTAL)

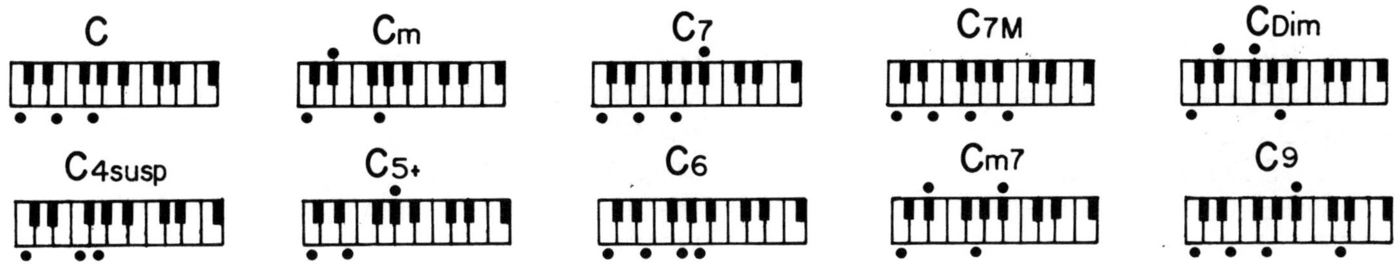

Os acordes de C7, C7M e C9, podem ser simplificados, substituindo-os por C e os de Cm7 podem ser substituídos por Cm.

Para se formar o acorde de 4.ª Suspensa, retira-se a 3.ª do acorde (MI) e coloca-se a 4.ª que é o Fá (no tom de DÓ). Esta 4.ª chama-se Suspensa porque causa uma impressão de Suspense no acorde.

Os violonistas quase sempre substituem o acorde de Quinta Diminuta por 7.ª Diminuta. Ex: Cm5- por Cdim ou C.º.

ACORDES PARADOS E ARPEJADOS PARA PRINCIPIANTES

Para que os principiantes possam tocar todas as músicas desta Enciclopédia, deixo aqui uma pequena «Dica», que por certo vai dar-lhes a oportunidade de executar suas músicas, extravasando assim sua ansiedade de tocar, mesmo que seja de uma maneira fácil e simples. Como eles não podem ainda movimentar e produzir ritmos com os acordes da Mão Esquerda, aconselho tocar os Acordes Parados ou Arpejados. Deverão tocar somente as notas de cima da Melodia que está na Clave de Sol, observando as Cifras dos acordes e mudando-os todas as vezes que aparecer uma Cifra diferente.

MÃO ESQUERDA

RONDA

O SEGREDO MARAVILHOSO DAS CIFRAS
E
COMO TOCAR A MÚSICA POPULAR POR CIFRAS

Para os interessados em executar a Música Popular por Cifras, recomendo adquirir duas obras importantes, onde serão encontrados todos os ensinamentos do SISTEMA CIFRADO: «O SEGREDO MARAVILHOSO DAS CIFRAS» e «COMO TOCAR A MÚSICA POPULAR POR CIFRAS», que se encontram no 3.º volume da obra: «120 Músicas Favoritas para Piano», de Mário Mascarenhas.

Também, será de muito proveito, para completar este estudo, adquirir o «MÉTODO DE ÓRGÃO ELETRÔNICO», do mesmo autor, onde contém as Cifras mais completas e com os acordes mais dissonantes.

ÍNDICE VOLUME 1

ÍNDICE VOLUME 2

ÍNDICE VOLUME 3

ÍNDICE VOLUME 4

ÍNDICE VOLUME 5

ÍNDICE VOLUME 6

ÍNDICE VOLUME 7

ÍNDICE VOLUME 8

ÍNDICE VOLUME 9

ÍNDICE VOLUME 10

IMPRESSO EM
Maio / 2009